AF125896

Arbeitsheft

Lernfelder
Metalltechnik 2
Projektorientierte Arbeiten

12., völlig überarbeitete Auflage

von
Robert Hönmann
Paulernst Seitz
Manfred Riß
Martin Bissinger
Werner Glocker

Handwerk und Technik – Hamburg

Copyright Verlag Handwerk und Technik, Hamburg – handwerk-technik.de

Folgende Symbole am Seitenrand weisen im Besonderen auf die Art der Aufgabe sowie notwendige Arbeits-/ Hilfsmittel hin:

 = Bitte im Internet arbeiten.

 = Bitte Zusatzmaterial als Download-Material bei **Handwerk und Technik** herunterladen bzw. ausdrucken.

Inhaltsverzeichnis

Copyright Verlag Handwerk und Technik, Hamburg – handwerk-technik.de

EINFÜHRUNG 03/04

1 Kapitel 1 ▶ FERTIGEN MIT WERKZEUG-MASCHINEN – SPANNVORRICHTUNG

PROJEKT 1: SPANNVORRICHTUNG
Gesamtzeichnung und Montage 05
Stückliste, Werkstoffe und Halbzeuge..................... 06
Funktionsbeschreibung, Oberflächenbeschaffenheit 07
Fertigungsplanung 08
Toleranzen 09
Maßtoleranzen 10
Passungen 11
Werkstoffbedarf und Werkstoffkosten berechnen 13
Fertigungsplanung 14
Hauptnutzungszeiten Bohren und Reiben berechnen 15
Prüfprotokoll für Hebel (2) / Spannvorrichtung............. 16
Bewegungen an spanenden Werkzeugmaschinen 18
Schneidstoffe.. 19
Kühlschmierstoffe 20
Verschleiß 21

2 Kapitel 2 ▶ FERTIGEN MIT WERKZEUG-MASCHINEN: DREHVORRICHTUNG

PROJEKT 2: DREHVORRICHTUNG
Stückliste... 22
Gesamtzeichnung 23
Werkstücknullpunkt, Arten der Maßeintragung,
    Anordnung und Kennzeichnung von Schnitten 24
Fertigungskosten 25
Montage 26
Schraubenverbindung und Scherbelastung berechnen 27
Geometrische Tolerierung, Formtoleranz 28
Lagetoleranz 31
Messen von Form- und Lagetoleranzen................... 33
Geometrische Produktspezifikation (GPS) 34
Grundsätze der DIN EN ISO 8015 36
Fertigungsplanung 38
Einstellwerte und Betriebsmittelhauptnutzungszeit........ 39
Schnittwerte berechnen 40
Analoge und digitale Messgeräte 41
Industrie 4.0, Datenmanagementsysteme 43
Informationssicherheit................................ 47

3 Kapitel 3 ▶ FERTIGEN AUF NUMERISCH GESTEUERTEN MASCHINEN

PROJEKT 3: CNC-TECHNIK
Grundlagen der CNC-Technik 49
Vorgehen bei der CNC-Fertigung 49
CNC-Fräsen – Teilzeichnung analysieren,
    Einrichteblatt ausfüllen 50
Arbeitsplan ergänzen 52
Verfahrwege skizzieren 53
Koordinatentabelle erstellen 54
Teileprogramm editieren 55
Teileprogramm simulieren und optimieren 58
CNC-Drehen, Teilzeichnung analysieren 60
Einrichteblatt ausfüllen 61

Geometrieelemente bestimmen 62
Fehlende Koordinaten berechnen, Arbeitsplan erstellen ... 63
Fertigungsablauf planen 64
Koordinatentabelle ergänzen 65
Teileprogramm editieren................................ 66
Teileprogramm simulieren und optimieren 67

4 Kapitel 4 ▶ HERSTELLEN, MONTIEREN UND INSTANDHALTEN TECHNISCHER SYSTEME

PROJEKT 4: FLANSCHGETRIEBE
Gesamtzeichnung und Stückliste......................... 68
Instandhaltung und Montage 69
Dichtungen 70
Wälzlager.. 72
Bezeichnung und Aufbau von Wälzlagern 73
Anordnung von Wälzlagern 74
Montage von Wälzlagern 75
Schmierung von Wälzlagern 77
Passfedern 78
Angaben der Teilzeichnung der Welle (Pos. 2)
    erläutern und ergänzen 81

5 Kapitel 5 ▶ HERSTELLEN, MONTIEREN UND INSTANDHALTEN TECHNISCHER SYSTEME: FREIARBEIT

PROJEKT 5: PNEUMATISCHE EINSCHEIBENKUPPLUNG
Gesamtzeichnung und Stückliste, Kupplungen 85
Drosselrückschlagventil, Gesamtzeichnung und Funktion .. 86
Werkstoffbezeichnungen und Eigenschaften 87
Aluminium-Knetlegierungen 88
Aluminium-Gusslegierungen,
    Nichtmetallische Werkstoffe 89
Eigenschaften von Werkstoffen 90

6 Kapitel 6 ▶ PLANEN VON STEUERUNGS-TECHNISCHEN SYSTEMEN: PNEUMATIK

PNEUMATIK
Schemadarstellung und Schaltplan, Informationen aus
    Plänen entnehmen, Pneumatikplan ergänzen 91
Funktion beschreiben, Druckkraft und Druckluftverbrauch
    berechnen 92
Ablaufsteuerung.. 93
GRAFCET ergänzen, Funktionsdiagramm 94
Zusatzfunktionen 95
Kolbengeschwindigkeit, Zeitverzögerung 96
ODER-Verknüpfung, UND-Verknüpfung 97
Montagevorrichtung mit allen Zusatzfunktionen 98
Elektropneumatik, Elektropneumatischer Schaltplan,
    Stromlaufplan....................................... 100
Steuer- und Hauptstromkreis 101
Montagevorrichtung mit elektropneumatischer Steuerung 102
Anschlussbezeichnung an Relais 103
Hydraulik.. 104
Funktion der Schaltung beschreiben 105
Schaltung modifizieren, Kolbenkraft und -geschwindigkeit
    berechnen 107
Hydraulikflüssigkeit................................... 108

Einführung

Adressatengruppe

Der Lehrgang ist entsprechend den Lernfeldern des Bildungsplans für das 2. Ausbildungsjahr industrieller und handwerklicher Metallberufe (Industrie-, Werkzeug-, Zerspanungs-, Feinwerkmechaniker/-in und verwandter Monoberufe) konzipiert. Er kann aber auch z.B. für Wiederholungen an Fachschulen eingesetzt werden.

Baugruppen als Leitbeispiele

Durch die Anbindung der Lerninhalte an Leitbeispiele wird ein praxisorientierter und ganzheitlicher Unterricht erreicht. Solche Leitbeispiele sind die Baugruppen

- Spannvorrichtung
- Fräsvorrichtung (Freiarbeit)
- Drehvorrichtung
- Flanschgetriebe
- Pneumatische Einscheibenkupplung (Freiarbeit)
- Drosselrückschlagventil
- Montagevorrichtung (Pneumatik, Elektropneumatik)
- Stützeinrichtung (Elektrohydraulik)

Arbeitsgebiete der Lernfelder

Neben der Vertiefung der technischen Kommunikation werden exemplarisch und praxisorientiert technologische Problemstellungen, Fragen der Arbeitsplanung und Berechnungen zu den Baugruppen bearbeitet. Hierbei finden auch die Regelungen zur Geometrischen Produktspezifikation (GPS) Anwendung. Ergänzend wird auf die Konzeption und die Auswirkungen von Industrie 4.0 auf die Arbeitsgebiete der Adressatengruppe eingegangen.

Wesentliche Arbeitsgebiete sind:
- Teil- und Gesamtzeichnungen auswerten
- Informationen aus Teilzeichnungen entnehmen
- Maßtoleranzen und geometrische Tolerierung anwenden
- Oberflächenbeschaffenheit und Wärmebehandlung erkennen
- Instandhaltung und Funktion erläutern
- Montage und Demontage beschreiben
- Unterlagen für konventionelle und CNC-Fertigung erstellen
- Grundlagen der Steuerungstechnik erfassen
- Auswahl und Einsatz von Werkstoffen und Halbzeugen erläutern

Richtziele

Wesentliche Richtziele sind u.a.
- Orientierung an der Praxis
- ganzheitlicher Unterricht
- Veranschaulichung durch berufsnahe Beispiele
- Selbstständigkeit bei Einzel- oder Gruppenarbeit
- Handlungsorientierung
- Einsatz technischer Unterlagen

Einsatz des Lehrgangs

Die Überschriften der Aufgaben nennen Ihre hauptsächliche Tätigkeit. Ein rasches Orientieren über Inhalte und Ziele ist deshalb leicht möglich.

Sie können die Aufgaben im Unterrichtsgespräch oder in Gruppen-, Partner- oder Einzelarbeit lösen. Selbstverständlich müssen nicht alle Aufgaben bearbeitet werden.

Die Lösungen können meist in die Blätter eingetragen werden. Für umfangreichere Lösungen sind Zusatzblätter nötig.

Zusätzlich enthält der Lehrgang in jedem Halbjahr eine Gesamtzeichnung für Freiarbeit, bei der Sie sich eigenständig Aufgaben stellen, diese lösen, dokumentieren und präsentieren. Dadurch soll Ihre Kreativität und Ihre Fähigkeit zum selbstständigen Arbeiten gefördert werden.

Zwei Blätter mit programmierten Aufgaben dienen zur Wiederholung und als Vorbereitung auf Ihre Prüfung.

Wir wünschen Ihnen viel Erfolg beim Arbeiten mit diesem Lehrgang.

Autoren und Verlag

Copyright Verlag Handwerk und Technik, Hamburg – handwerk-technik.de

Spannvorrichtung

Die Spannvorrichtung ermöglicht ein rasches Spannen von Werkstücken auf dem Maschinentisch von Bohr- und Fräsmaschinen. Um bei größeren Werkstücken die Spannkraft zu erhöhen und ein gleichmäßiges Spannen zu erreichen, werden solche Schnellspannelemente auch an mehreren Stellen des Werkstücks gleichzeitig angesetzt.

Gesamtzeichung und Montage

1. Legen Sie die Teile 1 bis 5 in der Gesamtzeichnung, in der Stückliste (Seite 6) und in der Explosionszeichnung verschiedenfarbig an. Ergänzen Sie auch die Maße der T-Nut nach DIN 650 (Tabellenbuch Seite   ).

2. Ergänzen Sie die Positionsnummern in der Explosionszeichnung.

3. Vervollständigen Sie das Strukturbild für die Montage der Spannvorrichtung.

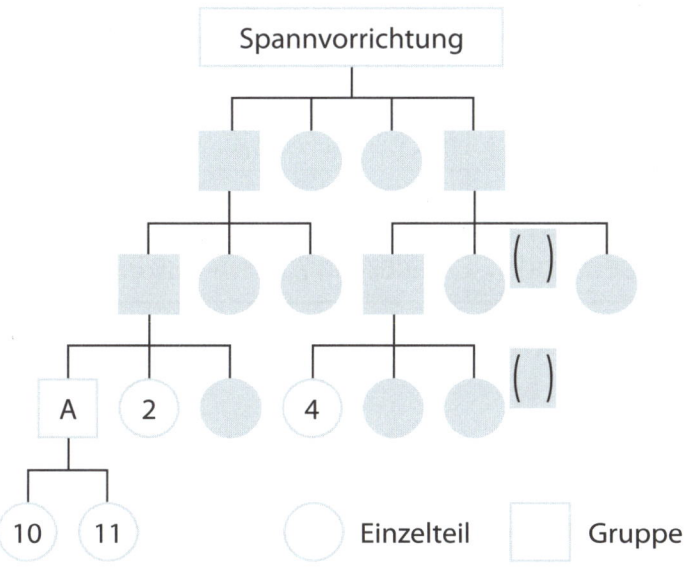

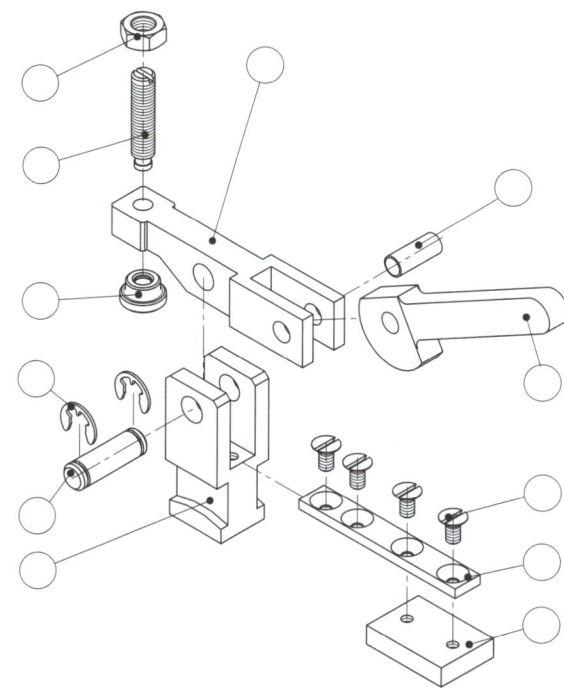

Explosionszeichnung Spannvorrichtung

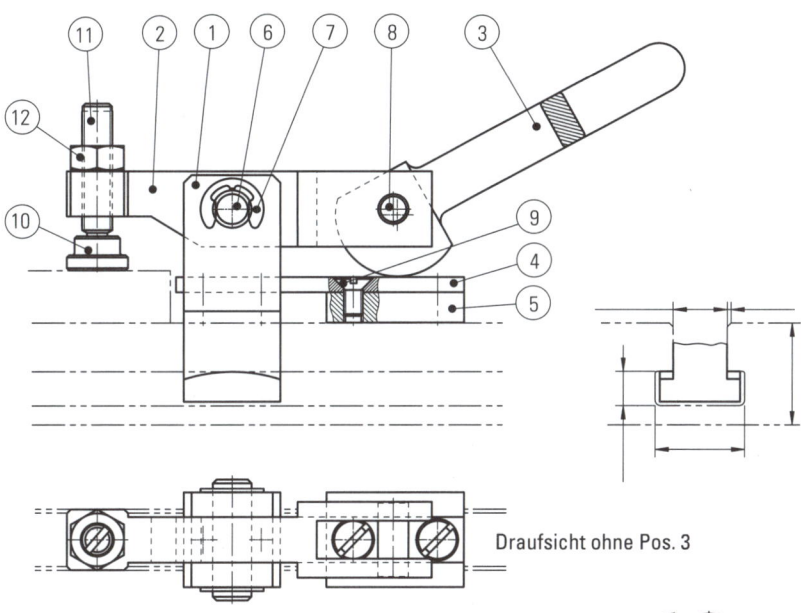

Draufsicht ohne Pos. 3

Spannvorrichtung	Maßstab 1 : 2	Tolerierung ISO 8015	**Gesamtzeichnung Spannvorrichtung**

| Name: | Klasse: | Datum: | Seite: | **5** |

Copyright Verlag Handwerk und Technik, Hamburg – handwerk-technik.de

Stückliste

4. Ergänzen Sie die Normteile der Stückliste (Pos.8 Zylinderstift gehärtet).

Pos.	Menge	Benennung	Werkstoff	Halbzeug / Norm-Kurzbez.
12				
11	1	Gewindestift SM 8x40 Sz	5.8	DIN 6332
10	1	Druckstück S16	St	DIN 6311
9				
8				
7			Federstahl	
6	1	Lagerbolzen	11SMn30	Rd EN 10278 - 10 x 34
5	2	Auflage	E295	Fl EN 10278 - 25 x 8 x 36
4	1	Leiste	E295	Fl EN 10278 - 12 x 4 x 75
3	1	Exzenterhebel	17Cr3	Fl EN 10278 - 28 x 10 x 102
2	1	Hebel	E295	4kt EN 10278 - 25 x 98
1	1	Halter	E295	4kt EN 10278 - 25 x 63
Pos.	Menge	Benennung	Werkstoff	Halbzeug / Norm-Kurzbez.

Werkstoffe und Halbzeuge

5. Begründen Sie, warum für die Auflage (Pos. 5) als Halbzeug ein Flachstahl Fl EN 10278 - 25x8x36 und nicht Fl EN 10058 - 35x8x27 verwendet wird.

6. Erläutern Sie die Normbezeichnungen der folgenden Werkstoffe.

E295 →

17Cr3 →

11SMn30 →

Für individuelle Notizen

Copyright Verlag Handwerk und Technik, Hamburg – handwerk-technik.de

Funktionsbeschreibung

7. **a)** In gespanntem Zustand soll der Exzenterhebel (Pos. 3) waagerecht stehen. Es sollen verschieden hohe Werkstücke gespannt werden können. Mit welchem Teil erfolgt die Anpassung der Stellung des Exzenterhebels an die verschiedenen Werkstücke?

b) Welche Aufgabe hat die Sechskantmutter (Pos. 12)?

c) Warum wird der Exzenterhebel (Pos. 3) aus 17Cr3 und nicht aus S235JR gefertigt?

d) Begründen Sie, warum der Drehpunkt des Hebels (Pos. 2) nicht in der Mitte zwischen dem Gewindestift und dem Drehpunkt des Exzenterhebels, sondern weiter links liegt.

e) Erläutern Sie, warum Spannexenter meist bei bereits bearbeiteten Flächen eingesetzt werden.

Oberflächenbeschaffenheit

Die Teilzeichnung des Hebels (Pos. 2) der Spannvorrichtung zeigt, dass die Geometrieelemente dieses Teils mit unterschiedlicher Oberflächenbeschaffenheit auszuführen sind. Die Oberflächenbeschaffenheit wird bevorzugt mit den Kenngrößen Rz oder Ra angegeben. Symbole und Angaben sind entsprechend der Abbildung einzutragen (vgl. Tabellenbuch Seite:).

> **Merke**
>
> Werden unnötig hohe Anforderungen an die Oberflächenbeschaffenheit vorgeschrieben, so steigen die Fertigungskosten.

Maßstab 1 : 2

Allgemeintoleranz
ISO 2768 - mk
Tolerierung ISO 8015

Teilzeichnung Hebel (Pos. 2)

8. Ergänzen Sie die Regeln für die Eintragung von Oberflächenbeschaffenheiten in Teilzeichnungen. Verdeutlichen Sie die drei Regeln durch Eintragen der Nummern ① bis ③ in die Teilzeichnung.

① Bei Teilen mit mehreren Ansichten sind die Angaben in der Ansicht einzutragen, in der die Fläche   ist.

② Die überwiegend vorkommende Oberflächenbeschaffenheit eines Werkstücks wird über dem Schriftfeld vermerkt. Ausnahmen deutet man durch das   in   an.

③ Bei Platzmangel können   (Symbole mit x, y oder z) verwendet werden, die über dem   zu erläutern sind.

Copyright Verlag Handwerk und Technik, Hamburg – handwerk-technik.de

| Name: | Klasse: | Datum: | Seite: | **7** |

Fertigungsplanung

Die Rauheitswerte für die Oberflächen sind aus den Anforderungen an die Flächen des Werkstücks abzuleiten, z. B.: Gleit- und Passflächen → Rz 6,3 bzw. Ra 0,4; Auflageflächen → Rz 25 bzw. Ra 2,5.

9. Welchen Einfluss haben die geforderten Rauheitswerte auf die Fertigungsplanung?

10. Ordnen Sie mithilfe des Tabellenbuchs (Seite:) den aufgeführten Fertigungsverfahren die erreichbaren Rautiefen Rz in μm zu.

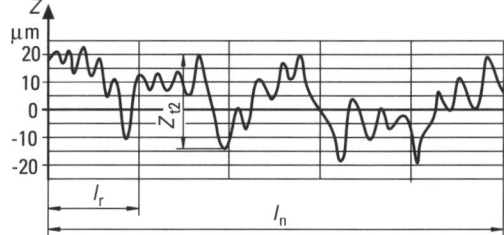

Fertigungsverfahren	Erreichbare gemittelte Rautiefe Rz in μm
Längsdrehen	
Plandrehen	
Bohren	
Reiben	
Umfang- und Stirnfräsen	

0,2   0,4   0,6   1   1,5   2,5   4   6   10   16   25   40   60   100 160 250 400 600 1000 **Erreichbare Rautiefen**

11. Vervollständigen Sie den Satz über die Größe der gemittelten Rautiefe Rz.

Die Kenngröße Rz soll maximal   von zugehörigen

tolerierten Maßen betragen. Beispiel: 8H7 → Toleranz 15 μm → Rz ≤ 15 μm / 2 = 7,5 μm → Rz 6,3 → Reiben

12. **a)** Bei dem Hebel (Pos. 2) wurden die beiden im Abstand von 12 mm parallelen Seitenflächen gefräst. Mit einem Oberflächenmessgerät wird im Tastschnittverfahren das Rauheitsprofil ermittelt. Bestimmen Sie daraus die gemittelte

Rautiefe Rz (Tabellenbuch Seite:) und beurteilen Sie das Ergebnis.

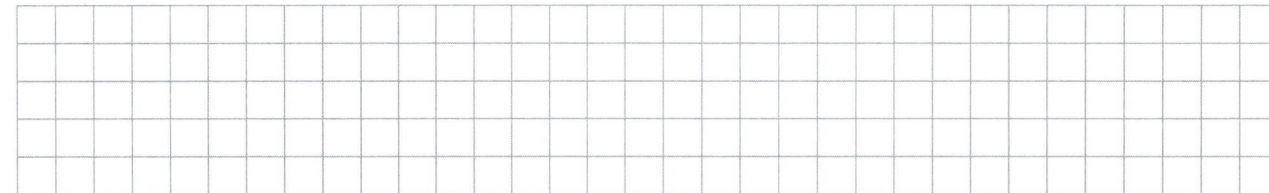

b) Nennen Sie drei mögliche Ursachen dafür, dass die Rauheit Rz 25 nicht erreicht wurde.

c) Wie ändern sich die Fertigungskosten, wenn beim Fräsen statt Rz 25 eine Rautiefe von Rz 10 verlangt wird?

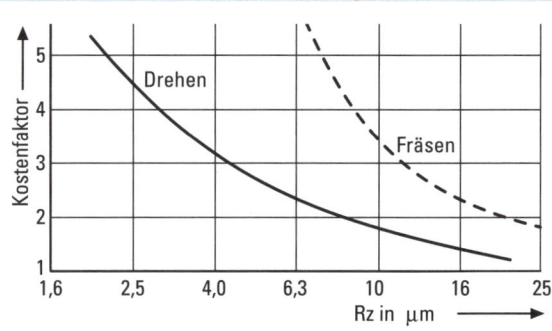

Zusammenhang zwischen Rautiefen und Fertigungskosten

Copyright Verlag Handwerk und Technik, Hamburg – handwerk-technik.de

Name:	Klasse:	Datum:	Seite:	**8**

Toleranzen

Die grundlegende Idee der technischen Kommunikation ist es, alle an der Herstellung oder Veränderung eines Produkts beteiligten Mitarbeiter und Abteilungen einer Firma mit den dazu notwendigen Informationen zu versehen. Hierbei spielen die verschiedenen Arten von technischen Zeichnungen eine wichtige Rolle. DIN EN ISO 10209 definiert in diesem Zusammenhang verschiedene Zeichnungsarten.

13. Erklären Sie die Funktion der beiden wichtigsten technischen Zeichnungsarten.

Fertigungszeichnung:

Zusammenbauzeichnung:

> **Merke**
>
> Eine Fertigungszeichnung zeigt die bemaßte Geometrie eines Bauteils und bildet so die ideale geometrische Form des Bauteils ab. Die auf Basis der Fertigungszeichnung hergestellten Bauteile zeigen jedoch oftmals große Abweichungen von der durch die Fertigungszeichnung beschriebene Idealform. Die zulässigen Abweichungen in der Fertigungszeichnung durch Toleranzangaben festgelegt.

14. Nennen Sie vier Möglichkeiten, Toleranzen in technischen Zeichnungen anzugeben.

Toleranzen haben aufgrund ihrer Auswirkungen auf die Funktionalität, die Fertigungs- und die Montagekosten eine große Bedeutung in der Fertigungstechnik.

15. Vervollständigen Sie die folgende Aussage über die Größe der Toleranzen.

Je kleiner die geforderten zulässigen Toleranzen sind, desto _____ *muss gefertigt werden.*

Auf der einen Seite führt dies dazu, dass die Bauteile hinsichtlich Montagesicherheit, Funktionalität, Austausch-

barkeit und Lebensdauer _____ *sind. Auf der anderen Seite* _____ *zu enge*

Toleranzen die Fertigungskosten.

Für individuelle Notizen

| Name: | Klasse: | Datum: | Seite: | 9 |

Copyright Verlag Handwerk und Technik, Hamburg – handwerk-technik.de

Maßtoleranzen

Der Lagerbolzen (Pos. 6) der Spannvorrichtung ist eingelaufen, aber als Ersatzteil nicht erhältlich. Er wird in Eigenfertigung hergestellt.

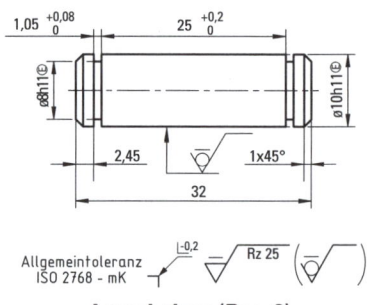

Merke

Um die Funktion eines Bauteils zu gewährleisten, müssen Maß-abweichungen (= Maßtoleranzen) in der Zeichnung angegeben und bei der Fertigung beachtet werden.

Lagerbolzen (Pos. 6)

16. Informieren Sie sich im Tabellenbuch Seite:

über die genormten Begriffe zu Maßtoleranzen.

Tragen Sie die Begriffe *Toleranzklasse*, *Grundabmaß* und *Toleranzgrad* ein.

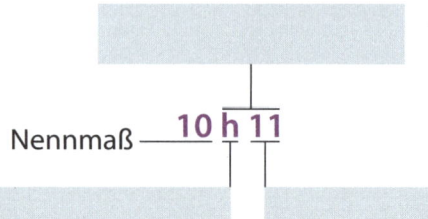

Nennmaß —— 10 h 11

17. Kennzeichnen Sie in der Teilzeichnung des Lager-bolzens (Pos. 6) die Maße, die festgelegt sind durch: Toleranzen nach ISO 286 → **rot**; Grenzabmaße nach DIN 406 → **blau**; Allgemeintoleranzen nach ISO 2768 → **grün**.

18. **a)** Tragen Sie die fehlenden Werte in der Tabelle ein.

in mm	2,45	8h11	10H12	1,05 $^{+0,08}_{0}$
oberes Abmaß	0,1			
unteres Abmaß				
Maßtoleranz				
Höchstmaß				
Mindestmaß				

b) Zeichnen Sie die Toleranz-felder in das Diagramm ein.

	2,45	8h11	10H12	1,05 $^{+0,08}_{0}$
150				
100				
50				
0 µm				
−50				
−100				

c) Ergänzen Sie die folgenden Aussagen zu Maßtoleranzen.

– Die Größe der Maßtoleranz wird bestimmt durch den   und den   .

– Die Lage des Toleranzfelds bezüglich der Nulllinie wird durch das   festgelegt.

– Bohrungen werden mit   , Wellen mit   bemaßt.

Merke

Beim Grundabmaß H stößt das Toleranzfeld von oben beim Grundabmaß h von unten an die Nulllinie.

Name:	Klasse:	Datum:	Seite:	**10**

Copyright Verlag Handwerk und Technik, Hamburg – handwerk-technik.de

Passungen

Ist beim Fügen zweier Teile, z. B. des Lagerbolzens (Pos. 6) im Halter (Pos. 1), eine Passung erforderlich, dann müssen die Grenzmaße der beiden Geometrieelemente aufeinander abgestimmt werden.

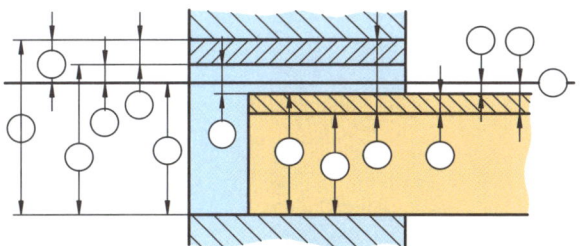

19. Übertragen Sie die Nummern ① – ⑭ der folgenden Toleranz- und Passungsangaben in die Abbildung.

① Nulllinie	③ unteres Abmaß B	⑧ Höchstmaß W	⑬ Mindestspiel
② Nennmaß	④ Mindestmaß B	⑨ Mindestmaß W	⑭ Höchstspiel
	⑤ oberes Abmaß B	⑩ Toleranz W	
B = Bohrung	⑥ Höchstmaß B	⑪ oberes Abmaß W	
W = Welle	⑦ Toleranz B	⑫ unteres Abmaß W	

20.

	Lagerbolzen (Pos. 6) / Halter (Pos. 1)	Zylinderstift (Pos. 8) / Hebel (Pos. 2)
Passung	ø10H12/h11	ø8H7/m6
a) Vervollständigen Sie die Beschreibung der Passungen.	Bei der Spannvorrichtung muss der Lagerbolzen (Pos. 6) in den Bohrungen des Halters (Pos. 1) bei allen Istmaßen Spiel haben. Die Toleranzklasse des Lagerbolzens ist ____. Dazu passend wird für die Bohrungen die Toleranzklasse ____ gewählt.	Bei der Spannvorrichtung muss der Zylinderstift (Pos. 8) in den Bohrungen des Hebels (Pos. 2) so festsitzen („fester Sitz"), dass er sich nicht selbsttätig lösen kann. Der Zylinderstift hat die genormte Toleranzklasse ____ (Tabellenbuch Seite: ____). Für die Bohrungen wird die Toleranzklasse ____ vorgeschlagen.

b) Tragen Sie die Werte A in die Tabellen ein.

c) Ermitteln Sie die Passungswerte B und tragen Sie die Passungsarten ein.

		Bohrung	Welle
	Maßangabe in mm	10H12	10h11
A	**Grenzabmaße**	0,150/0	
	Höchstmaß		
	Mindestmaß		
	Maßtoleranz		
B	**Höchstspiel/Mindestspiel**		
	Passungsart		

		Bohrung	Welle
	Maßangabe in mm	8H7	8m6
A	**Grenzabmaße**		
	Höchstmaß		
	Mindestmaß		
	Maßtoleranz		
B	**Höchstübermaß/Mindestübermaß**		
	Passungsart		

Copyright Verlag Handwerk und Technik, Hamburg – handwerk-technik.de

Name: Klasse: Datum: Seite: **11**

d) Ergänzen Sie die Erkenntnisaussagen.

Höchstspiel =	Höchstübermaß =
Mindestspiel =	Mindestübermaß =

e) Beschreiben Sie zwei Möglichkeiten, wie verhindert werden kann, dass der Zylinderstift (Pos. 8) im ungünstigen Fall herausrutschen kann.

Merke

Werden zwei Bauteile zusammengefügt, entsteht aus dem Unterschied der Maße der Bohrung und der Welle eine Passung.

Bei dem Passungssystem Einheitsbohrung erhalten die Bohrungsmaße das Grundabmaß H. Diesen Einheitsbohrungen werden, je nach gewünschter Passungsart, die Wellen mit entsprechenden Grundabmaßen zugeordnet. Dies hat den Vorteil, dass die Bearbeitung für die gewünschte Passungsart am Außendurchmesser der Welle erfolgen kann. Eine passgenaue Bearbeitung der Bohrung wäre aufgrund der hohen Anzahl an benötigter Werkzeuge und Prüfmitteln deutlich kostenintensiver. In Branchen (z. B. Landmaschinen), in denen jedoch lange Wellen mit gleichbleibendem Durchmesser verwendet werden, wird dennoch oft das Passungssystem Einheitswelle verwendet. Hier erhalten die Wellen das Grundabmaß h.

Aus dem Tabellenbuch Seite [   ] können empfohlene Passungen entnommen werden[1].

Merke

Durch Beschränkung auf bestimmte Toleranzklassen bei Bohrungen und Wellen lassen sich Werkzeuge und Prüfmittel einsparen. Man erreicht dies durch die Passungssysteme Einheitsbohrung bzw. Einheitswelle. Im Maschinenbau ist das Passungssystem Einheitsbohrung geläufig.

21. **a)** Ein Betrieb fertigt einheitlich mit dem Passungssystem Einheitsbohrung. Benennen Sie mithilfe des Tabellenbuchs in der Spalte *Beispiel* Passungsempfehlungen.

Bohrung	Welle	Passungsart	Beispiel
H	a…h	Spielpassung	
H	j…n	Übergangspassung	
H	p…z	Übermaßpassung	

b) Der Exzenterhebel (Pos. 3) muss sich auf dem Zylinderstift (Pos. 8) mit einer Spielpassung drehen lassen. Geben Sie dazu eine Passungsempfehlung: [   ]

---

[1] DIN 7157 wurde zurückgezogen

Name:	Klasse:	Datum:	Seite: **12**

Copyright Verlag Handwerk und Technik, Hamburg – handwerk-technik.de

c) Ermitteln Sie dazu die Werte A und B in der Tabelle und tragen Sie die Toleranzfelder ein.

		Bohrung	Welle
Maßangabe in mm		10E7	8m6
A	**Grenzabmaße**		
	Höchstmaß		
	Maßtoleranz		
B	**Höchstspiel/ Mindestspiel**		
	Passungsart		

Bohrung	Welle
40	
32	
24	
16	
8	
0	

Teilzeichnung für Halter (Pos. 1) ergänzen

SIEHE DOWNLOAD: PROJEKT 1, SEITE 13, AUFGABE 22.1 BIS 22.4

22. Ergänzen Sie die Teilzeichnung für den Halter (Pos. 1).

Exzenterhebel (Pos. 3) fertigungsgerecht gestalten

SIEHE DOWNLOAD: PROJEKT 1, SEITE 13, AUFGABE 23.1 BIS 23.3

23. Gestalten Sie eine Alternative zu dem Exzenterhebel (Pos. 3).

Werkstoffbedarf und Werkstoffkosten berechnen

24. **a)** Berechnen Sie anhand der Stückliste Seite 6 die Masse der Halbzeuge für die Teile Pos. 1 bis Pos. 6 und tragen Sie diese in die Tabelle ein.

b) Ermitteln Sie mithilfe des Internets die Preise für die Werkstoffe[1] und berechnen Sie die Materialeinzelkosten. Nutzen Sie, falls möglich, eine Tabellenbearbeitungsprogramm.

	A	B	C	D	E	F	G
1	Pos.	Benennung	Maße (mm)	Masse (kg)	Stahl für den Machinenbau	Kosten (€/kg)	Einzel- kosten
2	1	Halter	25x25x63		Baustahl blank		
3	2	Hebel	20x20x98		Baustahl blank		
4	3	Exzenterhebel	28x10x102				
5	4	Leiste					
6	5	Auflage					
7	6	Lagerbolzen					
8					Einzelkosten gesamt		

[1] Falls Sie keine Einkaufspreise ermitteln können, nutzen Sie die folgenden Werte: Baustahl blank 3 €/kg; Einsatzstahl legiert 4,50 €/kg; Automatenstahl legiert 4,20 €/kg

Name:	Klasse:	Datum:	Seite:	**13**

Copyright Verlag Handwerk und Technik, Hamburg – handwerk-technik.de

Fertigungsplanung

25. Ergänzen Sie den Fertigungsplan für den Hebel (Pos. 2). Verwenden Sie die Teilzeichnung des Hebels auf Seite 4. Verwenden Sie Werkzeuge aus HSS und als Kühlschmierstoff Emulsion.

Nr.	Fertigungsschritte	Werkzeuge	f_z mm	f mm	v_c m/min	n 1/min
1	Rohmaße kontrollieren					
2	Stirnseiten fräsen ($l = 95$)					
3	Geometrieelemente anreißen					
4	Aussparung 10x30 fräsen	Scheibenfräser Ø100, z = 18				
5	seitliche Aussparungen u. Dicke 16 fräsen	Walzenstirnfräser Ø40, z = 8, Typ N				
6	untere u. schräge Aussparung fräsen					
7	vier Fasen 1x45° feilen					
8	Bohrungen anreißen und körnen					
9	bohren	Spiralbohrer Typ N (Ø				
10	Bohrungen profilsenken					
11	Gewinde M8 bohren					
12	Bohrung Ø8H7 reiben (maschinell)					
13	Werkstück entgraten					
14	Werkstück prüfen					

Copyright Verlag Handwerk und Technik, Hamburg – handwerk-technik.de

| Name: | Klasse: | Datum: | Seite: | **14** |

Hauptnutzungszeiten Bohren und Reiben berechnen

26. Berechnen Sie die Hauptnutzungszeit t_h für das Bohren der Bohrung Ø10H12 des Hebels (Pos. 2). Folgende Daten sind vorgegeben: Schnittgeschwindigkeit $v_c = 30\,\text{m/min}$, Vorschub $f = 0,2\,\text{mm}$, An- und Überlauf $l_a = l_u = 1\,\text{mm}$. Entnehmen Sie die zu bohrenden Werkstücklängen aus der Teilzeichnung auf Seite 7.

27. Berechnen Sie die Hauptnutzungszeit t_h für das maschinelle Reiben der Bohrung Ø8H7 des Hebels (Pos. 2). Folgende Daten sind vorgegeben: Schnittgeschwindigkeit $v_c = 12\,\text{m/min}$, Vorschub $f = 0,2\,\text{mm}$, An- und Überlauf $l_a = l_ü = 1,5\,\text{mm}$. Für den Anschnitt l_s bei Maschinenreibahlen gilt: $l_s = 0,5 \cdot d$.

Prüfprotokoll anwenden

28. In Ihrem Ausbildungsjahr wurde die Spannvorrichtung als Lehrarbeit gefertigt. Prüfen Sie den Hebel (Pos. 2) eines Ihrer Kollegen nach dem vorliegenden Prüfprotokoll als Fremdprüfer. Beachten Sie dabei die eingetragenen Maßtoleranzen und die Allgemeintoleranzen für Längen- und Winkelmaße sowie für Form und Lage. Beziehen Sie ihre Notizen mit in die Bewertung ein.

Sichtprüfung
- Fasen 1x45° und Stirnflächen haben etwas zu große Riefen
- Grate an rund einem Viertel der Werkstückkanten
- Bohrungen nur zum Teil profilgesenkt
- starke Abweichung von der Rechtwinkligkeit bei den beiden bearbeiteten Stirnflächen Maßprüfung

Geometrieelemente
- Grenzlehrdorn für Ø8H7 kann beidseitig eingeführt werden
- Grenzlehrdorn für Ø10H12 kann einseitig eingeführt werden
- Sollmaß 35 gemessen 34,8
- Sollmaß 42 gemessen 42,2
- Sollmaß 12-0,1 gemessen 11,8

Copyright Verlag Handwerk und Technik, Hamburg – handwerk-technik.de

Prüfprotokoll für Hebel (2) / Spannvorrichtung

Sichtprüfung (Gewichtung $g_1 = 3$)		mögliche Punkte: 10 – 8 – 5 – 3 – 0	
Nr. (n_1)	**Prüfmerkmal** (z. B. Oberflächen, Fasen, Rundungen, Senkungen, Form- und Lagetoleranzen)	**erreichte Punkte**	
		eigen	fremd
1	Oberflächenbeschaffenheit		
2	Werkstückkanten gratfrei (0,2 mm)		
3	Bohrungen profilgesenkt		
4	Rechtwinkligkeit der bearbeiteten Flächen		
	Summe der erreichten Punkte (S_1)		

Maßprüfung (Gewichtung $g_2 = 7$)				festgestelltes Istmaß		erreichte Punkte		mögliche Punkte: 10 – 0
Nr. (n_2)	**Messgerät, Lehre**	**Zeichnungsmaß**	**Grenzabmaße**	eigen	fremd	eigen	fremd	
1	Messschieber	35						
2		42						
3		10+0,2						
4		12−0,1						
5	Grenzlehrdorn	⌀10H12						
6		⌀8H7						
				Summe der erreichten Punkte (S_2)				

Ermittlung der Gesamtpunkte		eigen	fremd
Sichtprüfung	$(S_1 : n_1) \cdot g_1$		
Maßprüfung	$(S_2 : n_2) \cdot g_2$		
erreichte Gesamtpunkte (von insgesamt 100 Punkten)			

Für individuelle Notizen

Name:	Klasse:	Datum:	Seite:	**16**

Copyright Verlag Handwerk und Technik, Hamburg – handwerk-technik.de

29. Entwerfen Sie ein Prüfprotokoll für den Halter (Pos. 1). Entscheiden Sie, welche Merkmale sichtgeprüft und welche Maße der Geometrieelemente geprüft werden sollen. Beachten Sie die Maßtoleranzen und Allgemeintoleranzen. Entnehmen Sie die Istmaße der Skizze. Bei der Sicht- und Maßprüfung haben Sie folgendes festgestellt:

- Werkstückkanten sorgfältig gratfrei gearbeitet
- Rechtwinkligkeit der Stirnflächen zu den Langflächen korrekt ausgeführt
- Bohrungen zur Hälfte profilgesenkt

- Riefen an den Stirnflächen sehr stark
- Fasen zum Teil ballig und zum Teil 30° groß
- Grenzlehrdorn Ø10H12 kann beidseitig eingeführt werden

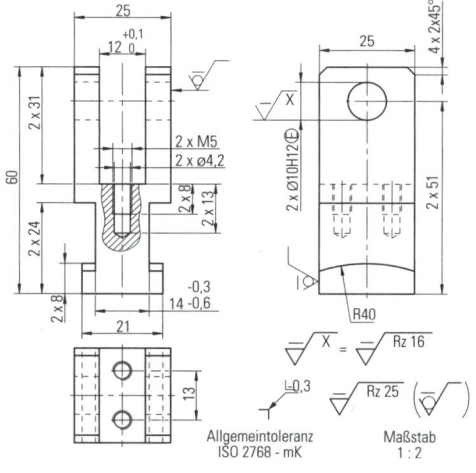

Teilzeichnung Halter (Pos. 1)

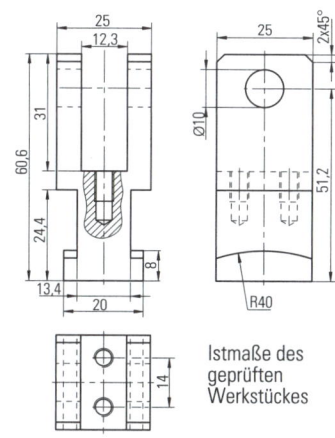

Istmaße Halter (Pos. 1)

Merke

In Prüfplänen werden der Prüfumfang und die Werkzeuge für die Prüfstellen festgelegt. Zudem werden alle Soll- und Istwerte dokumentiert. Einerseits liefern diese den Nachweis, dass das jeweilige Produkt die Qualitätsanforderungen erfüllt, nachgearbeitet werden muss oder Ausschuss ist. Andererseits können aus ihrer statistischen Auswertung Rückschlüsse für die Fertigung abgeleitet werden.

Fertigungsplanung – Technologische Daten zum Fräsen ermitteln

SIEHE DOWNLOAD: PROJEKT 1, SEITE 17, AUFGABE 30.1 BIS 30.4

30. Erstellen Sie einen Fertigungsplan für ein Führungssegment.

Wiederholung

SIEHE DOWNLOAD: PROJEKT 1, SEITE 17, AUFGABE 31.1 BIS 31.8

31. Bearbeiten Sie die programmierten Aufgaben.

Freiarbeit

SIEHE DOWNLOAD: PROJEKT 1, SEITE 17, AUFGABE 32

32. Bearbeiten Sie diese Gesamtzeichnung der Fräsvorrichtung mit eigenen Aufgabenstellungen.

Name:	Klasse:	Datum:	Seite: **17**

Copyright Verlag Handwerk und Technik, Hamburg – handwerk-technik.de

Bewegungen an spanenden Werkzeugmaschinen

Bei maschinellen Fertigungsverfahren wie dem Drehen, Fräsen und Bohren wird ein Span durch eine keilförmige Werkzeugschneide vom Werkstück abgetrennt. Das entstehende Spanvolumen wird hierbei durch drei Dimensionen bestimmt. Damit diese drei geometrischen Größen entstehen, muss eine Werkzeugmaschine grundsätzlich drei Bewegungen ausführen.

33. Tragen Sie die drei Bewegungen in die Tabelle ein und ergänzen Sie die an der Werkzeugmaschine dafür einzustellende Größe.

Spanvolumen

Länge des Spans (Spanungslänge) → _____ → _____ v_c

Breite des Spans (Spanungsbreite) → _____ → _____ a_p

Dicke des Spans (Spanungsdicke) → _____ → _____ f

34. Füllen Sie in den drei Abbildungen die Pfeile für die Schnittbewegung **rot**, für die Vorschubbewegung **blau** und für die Zustellbewegung **grün** aus.

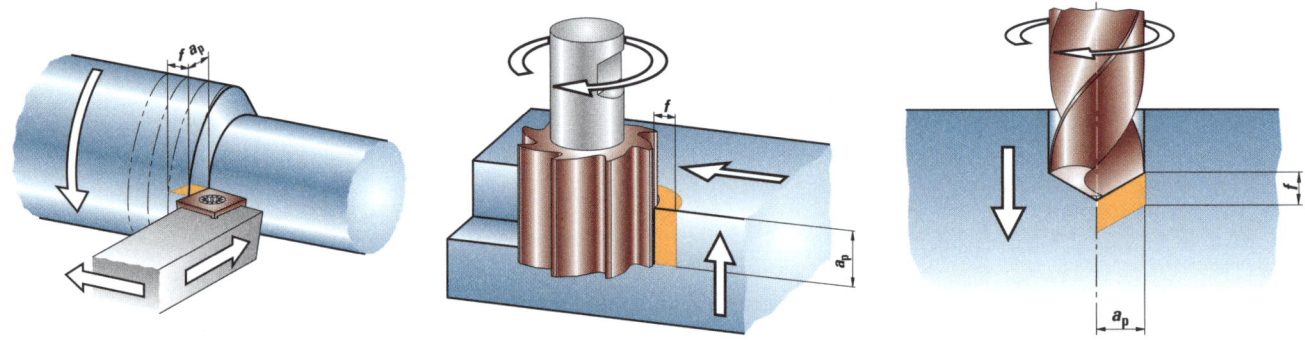

Bewegungen an der Werkzeugschneide

> **Merke**
>
> Die Werte für die Bewegungen sind aus dem Tabellenbuch oder Tabellen der Werkzeughersteller zu ermitteln. Hierbei werden meist Bereiche angegeben, aus denen je nach Anforderung die Schnittdaten auszuwählen sind.

35. Vervollständigen Sie die dazu passenden Sätze und Regeln.

➔ *Gehört der zu bearbeitende Werkstoff innerhalb der Werkstoffgruppe zu den festeren, werden*
   _____ *Bereichswerte für die technologischen Werte gewählt.*

➔ *Für eine gute Oberfläche (geringe Rautiefe) ergibt eine* _____ *Schnittgeschwindigkeit v_c bei*
   _____ *Vorschub f gute Zerspanungsbedingungen.*

➔ *Soll das Werkzeug lange ohne Nachschliff arbeiten (hohe* _____ *), ist ein* _____
   Bereichswert der technologischen Werte angebracht.

➔ *Bei geringer Kühlschmierung müssen* _____ *Werte eingestellt werden.*

Copyright Verlag Handwerk und Technik, Hamburg – handwerk-technik.de

| Name: | Klasse: | Datum: | Seite: | **18** |

Schneidstoffe

Copyright Verlag Handwerk und Technik, Hamburg – handwerk-technik.de

Merke

Als Schneidstoff wird der Werkstoff des Schneidkeils bezeichnet. Er ist während seines Einsatzes hohen mechanischen und thermischen Belastungen ausgesetzt. In der Praxis wird eine Vielzahl von Schneidstoffen eingesetzt, jedoch bestehen die Mehrzahl der Werkzeugschneiden aus hochlegiertem Werkzeugstahl und Hartmetall.

36. Bestimmen Sie die Anforderung, die ein Schneidstoff aufgrund der genannten Belastung haben muss.

Widerstand gegen das Eindringen anderer Körper ➔

bei höheren Temperaturen Härte behalten ➔

dem Druck des auftreffenden Spans standhalten ➔

Stöße auffangen, ohne zu reißen ➔

Biegespannungen an der Schneide aushalten ➔

möglichst geringer Verschleiß durch Reibung ➔

wechselnden Temperaturen standhalten ➔

Die Eigenschaften der Schneidstoffe sind sehr unterschiedlich, sodass es nicht einen Schneidstoff gibt, der für alle Fälle geeignet ist. Abhängig von der jeweiligen Zerspanungsaufgabe ist der bestmögliche Schneidstoff auszuwählen.

37. Unter welchen Bedingungen und aus welchem Grund werden manchmal Werkzeuge aus Schnellarbeitsstahl (HSS) denen aus Hartmetall vorgezogen?

38. Nennen Sie zwei Vorteile, die Hartmetall gegenüber Schnellarbeitsstahl hat.

Merke

Hartmetalle bestehen aus verschiedenen sehr harten Metallkarbiden und meist Kobalt als Bindemittel.

| Name: | Klasse: | Datum: | Seite: **19** |

39. Beschreiben Sie anhand des Diagramms, unter welchen Bedingungen als Schneidstoff Hartmetall mit einem sehr hohen Karbidanteil und wann mit hohem Bindemittelanteil gewählt wird.

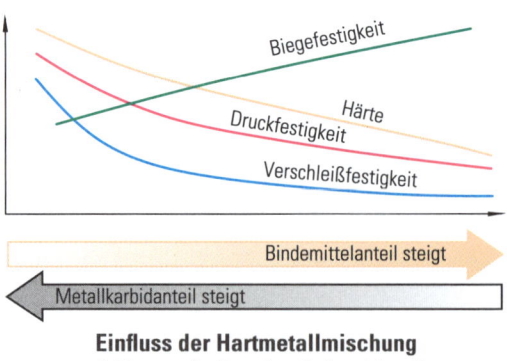

Einfluss der Hartmetallmischung auf Eigenschaften des Schneidstoffs

Kühlschmierstoffe

Beim Zerspanen wird mechanische Energie durch das Trennen und Verformen des Spanes in Wärmeenergie umgewandelt. Die Wärme verteilt sich zu rund 70 % auf die Späne, 20 % auf das Werkzeug und der Rest auf das Werkstück.

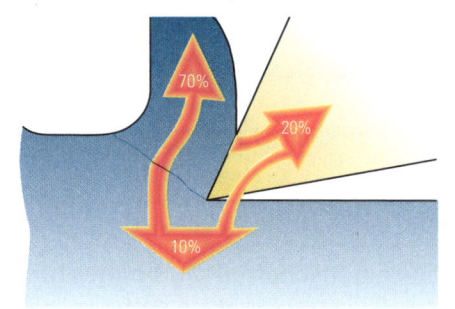

Wärmeübertragung beim Schlichten von Stahl

40. Vervollständigen Sie die Erklärung zu Kühlschmierstoffen.

Die Aufgabe von Kühlschmierstoffen besteht in der _____

und _____ . Die Kühlung soll verhindern, dass die Warm-

härte des Schneidstoffs _____ wird. Das Kühlen des Werkstückes

zudem die Bearbeitungsgenauigkeit und _____ Gefügeveränderungen. Die Schmierung

_____ die Reibung zwischen Span und _____ , sowie zwischen

_____ und Werkzeug.

Jedoch rückt bei Zerspanungsaufgaben meist eine der beiden Aufgaben, die Kühlschmierstoffe erfüllen, in den Vordergrund.

41. Die Abbildung zeigt die gängigen Kühlschmierstoffe. Kreuzen Sie, je nach Zerspanungsaufgabe, die vorrangige Aufgabe des Kühlschmiermittels an.

Zerspanungs-aufgabe	Vorrangige Aufgabe des Kühlschmierstoffs	
Niedrige Schnitt-geschwindigkeit	⚪ Kühlung	⚪ Schmierung
Warmhärte des Schneidstoffs gering	⚪ Kühlung	⚪ Schmierung
Hohe Schnitt-geschwindigkeit	⚪ Kühlung	⚪ Schmierung

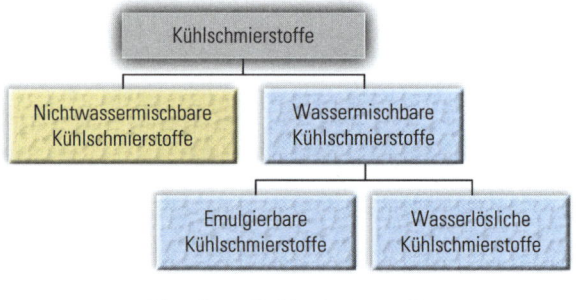

Einteilung Kühlschmierstoffe

Copyright Verlag Handwerk und Technik, Hamburg – handwerk-technik.de

| Name: | Klasse: | Datum: | Seite: **20** |

Merke

Wassermischbare Kühlschmiermittel haben eine wesentlich größere Wärmeleitfähigkeit und Wärme-kapazität als nichtwassermischbare Kühlschmierstoffe, aber eine geringere Schmierfähigkeit.
Um eine lange Nutzungsdauer zu erreichen, müssen alle Kühlschmierstoffe regelmäßig gewartet werden.

Verschleiß

Während der Span bei der Spanabnahme über die Spanfläche gleitet, kommt auch die Freifläche mit dem Werkstuck in Kontakt. An beiden Stellen entsteht Reibung, die zur Abnutzung der Schneide, d.h. zum Verschleiß führt. Wird der Verschleiß zu groß, kann das Werkzeug seine Aufgabe nicht mehr erfüllen. In diesem Fall ist die Standzeit überschritten.

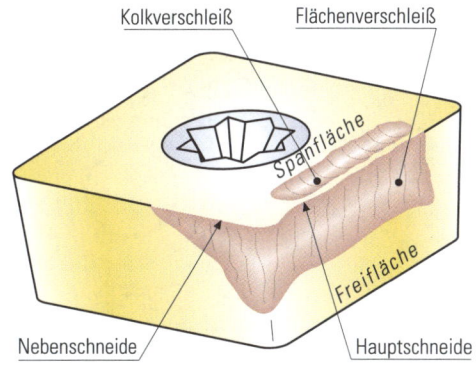

Verschließarten an einer Wendeschneidplatte

42. Wann gilt eine Schneide beim Schlichten bzw. Schruppen als verschlissen?

Copyright Verlag Handwerk und Technik, Hamburg – handwerk-technik.de

Drehvorrichtung

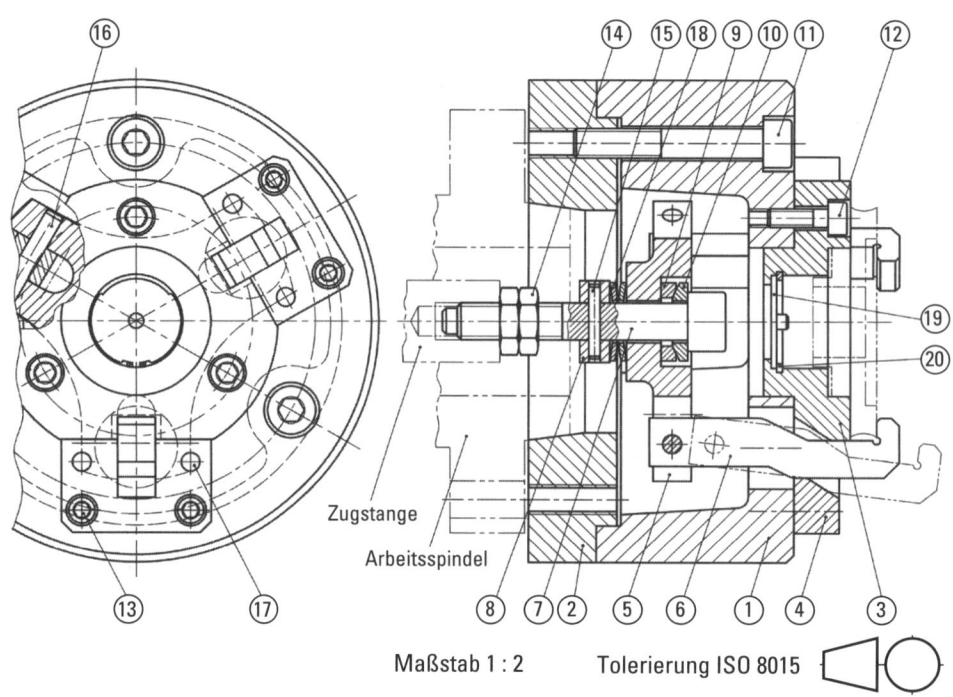

Zugstange

Arbeitsspindel

Maßstab 1 : 2   Tolerierung ISO 8015

Gesamtzeichnung Drehvorrichtung

Stückliste

Pos.	Menge	Benennung / Norm-Kurzbezeichnung	Werkstoff	Halbzeug / Bemerkung
1	1	Grundkörper	EN -GJL - 300	Modell DV – 230
2	1	Zwischenflansch	EN -GJL - 300	Modell DV – 231
3	1	Aufnahme	50CrMo4	Rd EN 10278 – 75 x 25
4	3	Führungssegment	C60	FI EN 10278 – 25 x 12 x 42
5	1	Spannstern	S275JR	Rd EN 10278 – 85 x 19
6	3	Spannhaken	C60	FI EN 10278 – 16 x 10 x 68
7	1	Spannbolzen (aus ISO 4762 - M10 x 65 gefertigt)	8.8	
8	1	Ring	E335	Rd EN 10278 – 22 x 10
9	1	Kegelpfanne	St	DIN 6319 - D12
10	1	Kugelscheibe	St	DIN 6319 - C 10,5
11	3	Zylinderschraube	8.8	ISO 4762 - M8 x 50
12	3	Zylinderschraube	8.8	ISO 4762 - M5 x 16
13	6	Zylinderschraube	8.8	ISO 4762 - M4 x 16
14	2	Sechskantmutter	05	ISO 4035 - M10
15	1	Zylinderstift	B – St	ISO 8734 - 3 x 20
16	3	Zylinderstift	B – St	ISO 8734 - 5 x 30
17	6	Zylinderstift	B – St	ISO 8734 - 5 x 26
18	2	Tellerfeder	55Cr3	DIN EN 16983 - A 20
19	1	Deckel	11SMn30	Rd EN 10278 – 25 x 2
20	1	Sicherungsring	St	DIN 472 - 25 x 1,2

Copyright Verlag Handwerk und Technik, Hamburg – handwerk-technik.de

Name:	Klasse:	Datum:	Seite: **22**

Gesamtzeichung

Werkstücke werden auf Drehmaschinen meist mit Universalspannmitteln, z. B. Dreibackenfuttern, gespannt. Für die Serienfertigung und Werkstücke mit besonderen Geometrieelementen benötigt man spezielle Drehvorrichtungen.

1. Legen Sie die Bauteile 1 bis 7 in der Gesamtzeichnung (Seite 22), der Stückliste und den Abbildungen unten verschiedenfarbig an.

2. Ergänzen Sie die Positionsnummern in den Abbildungen unten.

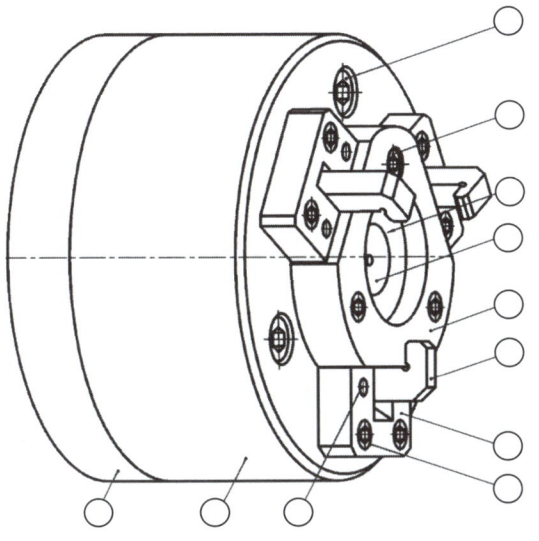

Schrägbild Drehvorrichtung

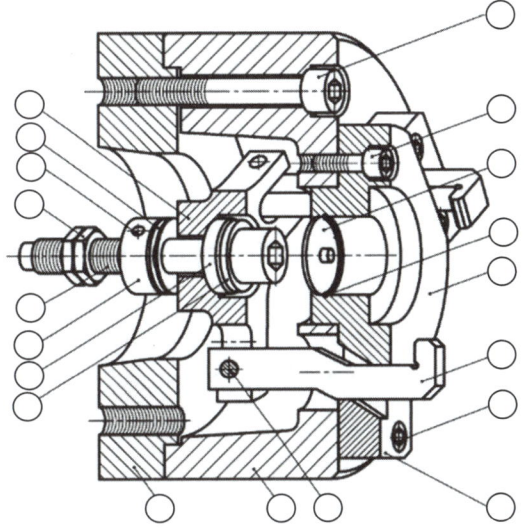

Schnittdarstellung Drehvorrichtung

3. Skizzieren Sie ein Bauteil, das mit der Drehvorrichtung auf Seite 22 gespannt werden kann.

4. Warum ist die Drehvorrichtung auf Seite 22 im Schnitt dargestellt?

Für individuelle Notizen

| Name: | Klasse: | Datum: | Seite: | **23** |

Copyright Verlag Handwerk und Technik, Hamburg – handwerk-technik.de

5. Beschreiben Sie zunächst den Spannvorgang der Drehvorrichtung und in diesem Zusammenhang die Funktion und Aufgabe der Aufnahme (Pos. 3).

Das Werkstück wird in die _____ eingelegt und zugleich positioniert.

Zum Spannen bewegt sich der Spannbolzen (7) nach _____. Der Spannstern (Pos. 5) überträgt die

Bewegungen auf die _____. Dabei gleiten die Spannhaken über die Schrägen

der _____, schwenken dann nach innen und pressen das Werkstück

an die Ringfläche der _____. Durch die Kegelpfanne (Pos. 9) und die Kugelscheibe

(Pos. 10) lässt sich der Spannstern (5) auf dem Spannbolzen (Pos. 7) schwenken. Dadurch wird bei allen

drei Spannhaken eine _____ Spannung erreicht.

Werkstücknullpunkt

Bei der fertigungsgerechten Maßeintragung wird meist von Werkstücknullpunkten ausgegangen.
- Bei Drehteilen liegt er mittig in der rechten Planfläche.
- Bei zweiseitiger Bearbeitung ergeben sich zwei Nullpunkte.
- Bei Quadern liegt er häufig vorne, links und oben.

Arten der Maßeintragung

(siehe Tabellenbuch Seite _____)

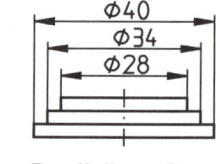

Parallelbemaßung

Parallelbemaßung: Jede Maßangabe erfolgt mit einer eigenen Maßlinie.

Steigende Bemaßung: Meist wird in einer Richtung nur eine Maßlinie verwendet. Eintragung der Ursprungskreise, der Pfeile und Maßzahlen.

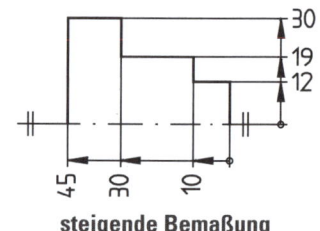

steigende Bemaßung

Kombinierte Bemaßung: Steigende Bemaßung, kombiniert mit Einzelbemaßung (als Parallelbemaßung), wird angewendet, wenn ein Geometrieelement unabhängig von anderen Abmessungen
- eine Maßtoleranz erhalten soll,
- eine genormte Form aufweist (z. B. Gewindefreistich).

Teilzeichnung für Spannbolzen (Pos. 7) und Spannhaken (Pos. 6) ergänzen

SIEHE DOWNLOAD: PROJEKT 2, SEITE 24, AUFGABE 6.1 BIS 6.2

6. Ergänzen Sie die Bemaßung am Spannbolzen (Pos. 7) und Spannhaken (Pos. 6).

Anordnung und Kennzeichnung von Schnitten

Merke

Bei komplizierten Werkstücken hilft neben Schnitt, Halbschnitt und Teilschnitt oft eine versetzte Schnittebene zum besseren Verständnis. Der Schnittverlauf muss gekennzeichnet werden.

Copyright Verlag Handwerk und Technik, Hamburg – handwerk-technik.de

Name:	Klasse:	Datum:	Seite: **24**

Die Kennzeichnung des Schnittverlaufs (siehe Tabellenbuch Seite: ⬚) erfolgt durch:

• Schnittlinien im Bereich des Umrisses und der Knickstellen
• Pfeile in Blickrichtung
• Zwei gleiche Großbuchstaben bei der Schnittlinie. Die Großbuchstaben stehen auch jeweils über dem zugehörigen Schnitt.

Teilzeichnung für Führungssegment (Pos. 4) anfertigen

SIEHE DOWNLOAD: PROJEKT 2, SEITE 25, AUFGABE 7.

7. Erstellen Sie die Teilzeichnung für das Führungssegment (Pos. 4).

Fertigungskosten

Bei der Angabe der Toleranzwerte und der Oberflächenbeschaffenheit sollen unnötig hohe Anforderungen vermieden werden. Dies führt oft zu wesentlich höheren Kosten, da u. U. andere Werkzeuge, andere Schnittwerte und andere Fertigungsverfahren erforderlich werden.

8. Wie ändern sich laut Diagramm beim Drehen die Fertigungskosten, wenn statt R_z 10 ein Wert von R_z 4 verlangt wird?

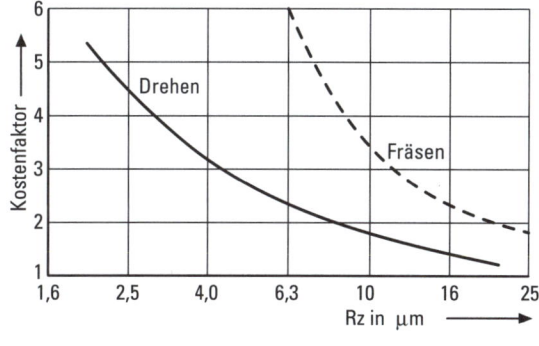

Kostenfaktor

9. Welchen Einfluss hat, ausgehend von der geforderten Oberflächenqualität, die Wahl des Fertigungsverfahrens auf die Fertigungskosten? Nennen Sie ein beliebiges Beispiel.

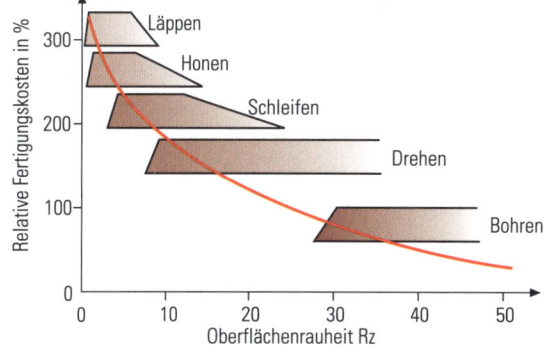

Oberflächenrauheit und Fertigungskosten

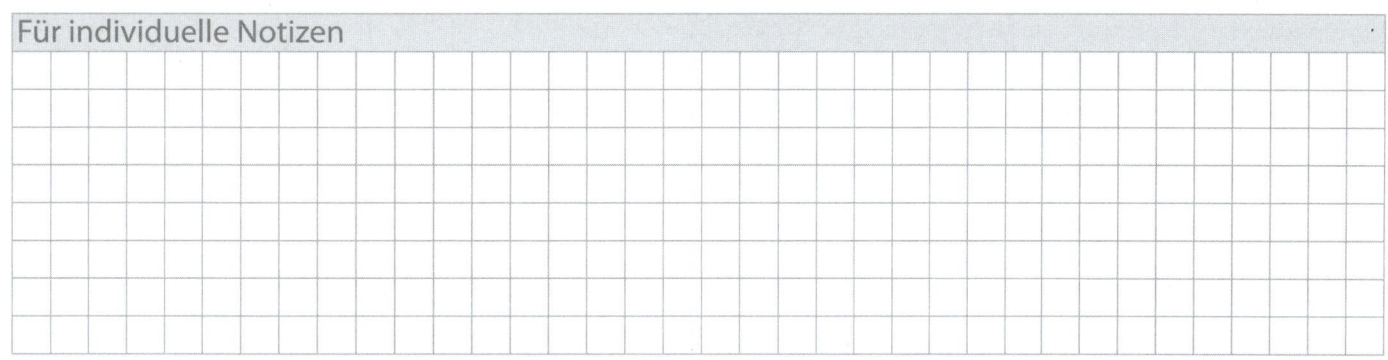

Für individuelle Notizen

| Name: | Klasse: | Datum: | Seite: | **25** |

Copyright Verlag Handwerk und Technik, Hamburg – handwerk-technik.de

Montage

Die Montage der Drehvorrichtung erfordert Kenntnisse im Lesen von Zeichnungen und Stücklisten. Dadurch wird eine sorgfältige Planung möglich für:

- den Montageablauf und die Vormontage von Baugruppen (dazu ist auch ein Strukturplan sinnvoll)
- die Bereitstellung von Werkzeugen und Hilfsmitteln
- die Einhaltung der Montagekräfte und Anziehdrehmomente
- die Mess- und Prüfmittel zur Endkontrolle

10. Erläutern Sie die Angaben in der Stückliste Seite 22.

ISO 8734 – B ➔

DIN 6319 – 10,5 ➔

DIN EN 16983 – A 20 ➔

11. **a)** Welche Aufgabe hat der Deckel (Pos. 19)?

b) Warum dürfen die beiden Tellerfedern (Pos. 18) nicht vertauscht eingebaut werden?

12. Ergänzen Sie den Strukturplan für die Montage der Drehvorrichtung.

13. Geben Sie die für die Montage benötigten Werkzeuge und Hilfsmittel an.

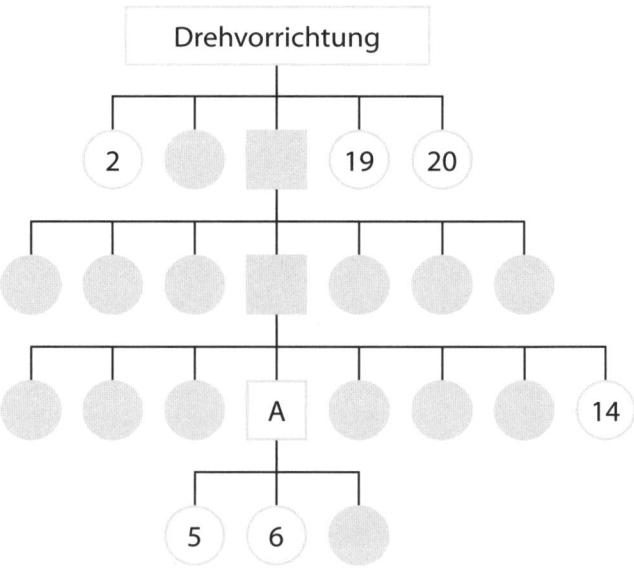

Montage Drehvorrichtung

Copyright Verlag Handwerk und Technik, Hamburg – handwerk-technik.de

Name:	Klasse:	Datum:	Seite:	**26**

14. Die Zylinderschrauben (Pos. 11) werden leicht geölt und anschließend mit 70 % des im Tabellenbuch Seite

angegebenen Anziehdrehmoments M_{An} montiert.

Berechnen Sie das Drehmoment und die daraus resultierende Vorspannkraft F_{sp}.

(Hinweis: Im Tabellenbuch ist bereits ein zusätzliche Sicherheit von 10 % in die Tabelle eingerechnet.)

Schraubenverbindung und Scherbelastung berechnen

15. Die Zylinderschrauben (Pos. 11) werden mit einer Kraft von jeweils 10 kN gespannt.
Berechnen Sie folgende Werte:

a) die im Spannungsquerschnitt auftretende Zugspannung

b) die Reibkraft zwischen dem Grundkörper (Pos. 1) und dem Zwischenflansch (Pos. 2), verursacht durch die Kraft der Schrauben bei einer Reibungszahl $\mu = 0,15$

c) das Reibmoment M_R, wenn der mittlere Auflagedurchmesser $d = 120$ mm beträgt

d) die Leistung P, die durch diesen Reibschluss bei einer Drehzahl (= Umdrehungsfrequenz) $n = 1500$ 1/min übertragen wird

e) die zulässige Schnittleistung bei einer Sicherheitszahl $v = 3$

f) Bestimmen Sie die Flächenpressung p_{vor} zwischen der Zylinderschraube (Pos. 11) und dem Grundkörper (Pos. 1).

Copyright Verlag Handwerk und Technik, Hamburg – handwerk-technik.de

16. In der Zugstange wirkt eine Kraft von $F = 2500\,\text{N}$.

a) Wie groß ist die bei den Zylinderstiften (Pos. 16) aus E355 auftretende Scherspannung τ_a? Beachten Sie die Anzahl der Querschnitte.

b) Kontrollieren Sie, ob diese Scherspannung τ_a den zulässigen Wert überschreitet, wenn eine Sicherheitszahl $v = 3$ bezüglich der Streckgrenze verlangt wird.

Geometrische Tolerierung

Die Drehvorrichtung, die für die Bearbeitung eines Werkstücks entwickelt wurde, soll bei Serienfertigung die Wirtschaftlichkeit erhöhen und die verlangte Genauigkeit sichern. Die Funktion der Drehvorrichtung ist dabei nur gewährleistet, wenn die Teile auch bezüglich ihrer geometrischen Tolerierung die geduldeten Abweichungen (= Toleranzen) nicht überschreiten. Die geometrische Tolerierung erfasst die Tolerierung von Form, Richtung, Ort und Lauf der Geometrieelemente eines Bauteils.

Wie auch bei den Maßtoleranzen sind bei den Form- und Lagetoleranzen in technischen Zeichnungen die beiden grundlegenden Tolerierungsgrundsätze des GPS-Normensystems, der der *Unabhängigkeit* und der der *Hüllbedingung* zu beachten (siehe Seite 34).

Beispiel für Tolerierung der Form: *Einer der Spannhaken (Pos. 6) der Drehvorrichtung (siehe Seite 22) hat sich durch die Wärmebehandlung verzogen. Er klemmt im Führungssegment (Pos. 4). Diese Abweichung von der Ebenheit ist nicht zulässig; sie liegt außerhalb der Formtoleranz.*

Formtoleranz

Bei werkstattüblicher Genauigkeit werden Formtoleranzen durch Allgemeintoleranzen nach ISO 2768 festgelegt. Die zulässigen Abweichungen sind durch die Toleranzklassen ⬚ , ⬚ und ⬚ anzugeben.

Sie werden zusammen mit den Allgemeintoleranzen im Schriftfeld der Zeichnung eingetragen.

Merke

Formtoleranzen begrenzen die zulässige Abweichung eines Werkstückelements von seiner geometrischen Idealform. Sie beziehen sich auf Geraden, Ebenen, Kreise und Zylindern. Diese werden einzeln betrachtet und stehen nicht im Zusammenhang mit anderen Elementen.

17. Entnehmen Sie den Angaben auf Seite 22 die geforderte Genauigkeit der Form- und Lagetoleranzen.

Höhere Anforderungen werden durch DIN EN ISO 1101 (Tabellenbuch Seite: ⬚) festgelegt.

Copyright Verlag Handwerk und Technik, Hamburg – handwerk-technik.de

Name:	Klasse:	Datum:	Seite:	**28**

18. Vervollständigen Sie die Regeln für die Eintragung von Formtoleranzen.

- Ein Zeichnungseintrag setzt sich zusammen aus einer Bezugslinie mit einem ⬚⬚⬚⬚⬚, der in Prüfrichtung auf das tolerierte Element zeigt.

- Der zweiteilige ⬚⬚⬚⬚⬚ enthält das Sinnbild für die tolerierte Eigenschaft

  (= tolerierte Form) und den ⬚⬚⬚⬚⬚ t (= Größe der Toleranzzone in mm).

- Ein Bezugspfeil in Verlängerung der Maßlinie eines Durchmessers bedeutet,

  dass die ⬚⬚⬚⬚⬚ toleriert wird.

- Da beispielsweise an einer Getriebewelle jeder Wellenabsatz für sich betrachtet wird (Unabhängigkeitsprinzip), macht eine Rundheitsabweichung keine Aussage über Exzentrizitäten der einzelnen Wellenabschnitte. Die Rundheit bezieht sich immer auf die Mantellinie einer Welle. Folglich ist beim Zeichnen darauf zu achten, dass der Toleranzpfeil nicht auf den Maßpfeil der Durchmesserbemaßung trifft.

  Ein Versatz von mindestens 4 mm zur ⬚⬚⬚⬚⬚ ist durch die Norm vorgeschrieben.

19. Erläutern Sie die Formtoleranzen für die in der Tabelle gegebenen Beispiele.

a) Bennen Sie die tolerierte Eigenschaft und das tolerierte Element.

b) Kennzeichnen Sie das tolerierte Element farbig.

c) Nennen Sie zu jedem Fall Teile aus der Drehvorrichtung (siehe Seite 22), zu denen die jeweiligen Formtoleranz passt.

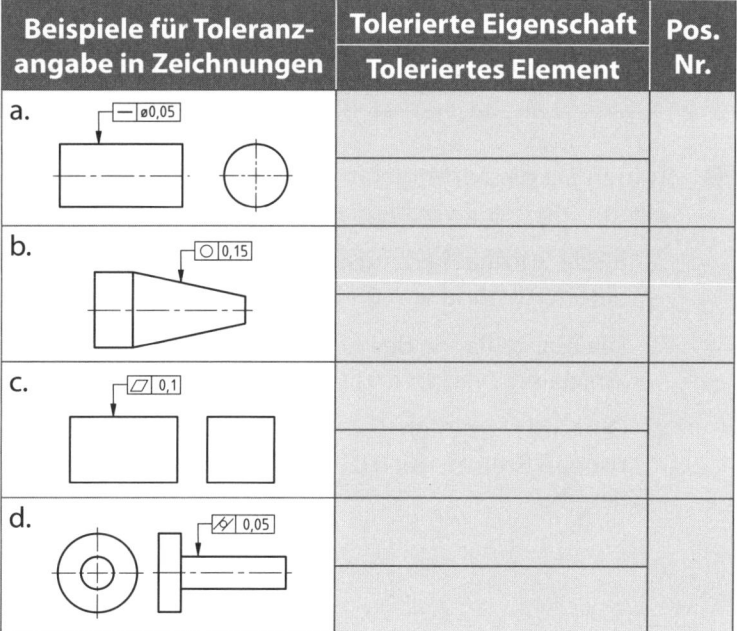

Beispiele für Toleranz- angabe in Zeichnungen	Tolerierte Eigenschaft	Pos. Nr.
	Toleriertes Element	
a. ⊡ ⌀0,05		
b. ○ 0,15		
c. ⬚ 0,1		
d. ⬧ 0,05		

20. Wie groß ist in Beispiel d. für die linke Planfläche bei einem Durchmesser $d = 80$ mm die Toleranz für die Ebenheit bei Allgemeintoleranzen ISO 2768 – mK?

Copyright Verlag Handwerk und Technik, Hamburg – handwerk-technik.de

21. Geben Sie für die Beispiele in der Tabelle die fertigungsbedingten Formabweichungen an und ergänzen Sie das zugehörige Symbol.

Fertigungsbeispiel	Formabweichung von	Sinnbild
a)		
b)		
c)		
d)		

22. Tragen Sie die Formtoleranzen nach folgenden Bedingungen in die Zeichnung des Zwischenflanschs (Pos. 2) ein.

☐ Beide Stirnflächen müssen zwischen zwei parallelen Ebenen mit einem Abstand von 0,1 mm liegen.

☐ Die Mantelfläche des Außenzylinders (Ø130) muss zwischen zwei koaxialen Zylindern mit 0,1 mm Wandabstand liegen.

☐ Die Umfangslinien des Innenkegels müssen zwischen zwei konzentrischen Kreisen mit 0,01 mm Kreislinienabstand senkrecht zur Achse liegen.

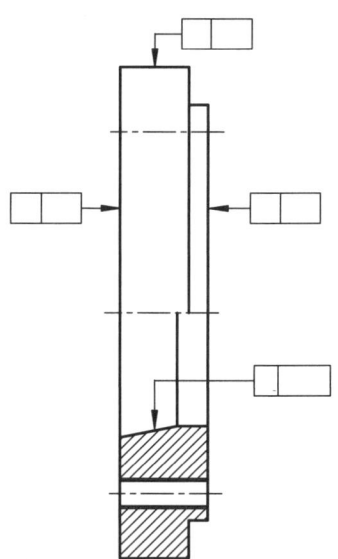

Zwischenflansch (Pos. 2) nicht maßstäblich

Copyright Verlag Handwerk und Technik, Hamburg – handwerk-technik.de

Für individuelle Notizen

| Name: | | Klasse: | | Datum: | | Seite: | **30** |

Lagetoleranz

In dreiteiligen Toleranzrahmen sind die Lagetoleranzen definiert. Da sich diese auf andere Werkstückelemente beziehen, ist dieser Bezug im dritten Feld angegeben. Das Bezugselement, auf das sich die Lagetoleranz bezieht, ist durch einen Großbuchstaben in einem Bezugsrahmen, der mit einem Dreieck verbunden ist, gekennzeichnet. Das Bezugselement kann eine Fläche oder Achse sein. Es bezieht sich auf die Achse, wenn es in der Verlängerung der Maßlinie steht, ansonsten auf eine Fläche oder Linie.

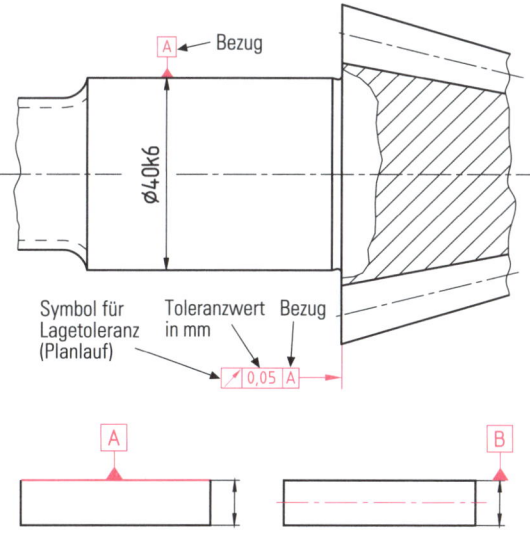

Merke

Lagetoleranzen begrenzen die zulässige Abweichung zweier oder mehrerer Werkstückelemente von einer idealen Lage zueinander. Ort-, Richtungs- und Lauftoleranzen werden unter dem Begriff der Lagetoleranzen zusammengefasst.

Definition der Bezugselemente

23. Nennen Sie Beispiele für die in der Tabelle aufgeführten Lagetoleranzen.

Ortstoleranz	Richtungstoleranzen	Lauftoleranzen

24. Welche Bedeutung hat das Durchmesserzeichen Ø an der Lagetoleranz am Lagersitz Ø25k6 bei der Angabe einer Koaxialitätstoleranz und welche Problematik entsteht bei der Prüfung der Toleranz daraus?

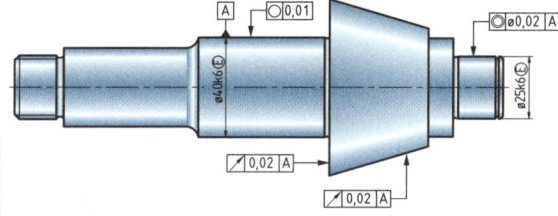

Getriebewelle mit Form Form- und Lagetoleranzen

25. Erstellen Sie eine Skizze, die die Prüfung der Koaxialität des Wellenabsatzes Ø25k6 darstellt.

Copyright Verlag Handwerk und Technik, Hamburg – handwerk-technik.de

26.
a) Erläutern Sie die Tolerierungen in der Tabelle. Kennzeichnen Sie dazu in den Zeichnungen der ersten Spalte das Bezugselement z. B. **blau** das tolerierte Element z. B. **rot**

b) Tragen Sie in der zweiten Spalte die tolerierte Eigenschaft und den Toleranzwert ein.

c) Tragen Sie in die dritte Spalte das tolerierte Element und das Bezugselement ein.

a) 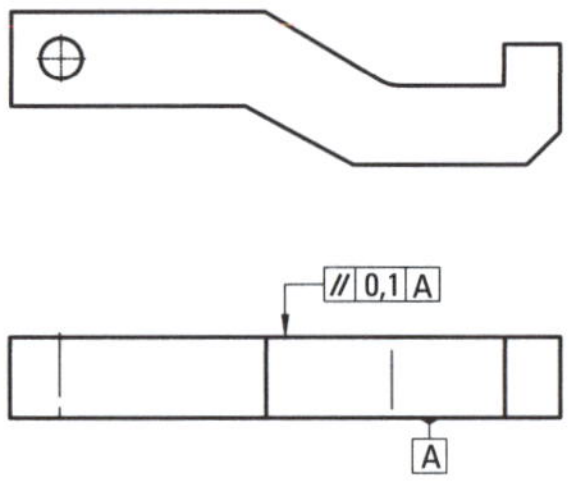	Tolerierte Eigenschaft:	Toleriertes Element:
⊕ // 0,1 A A	Toleranzwert:	Bezugselement:
b) 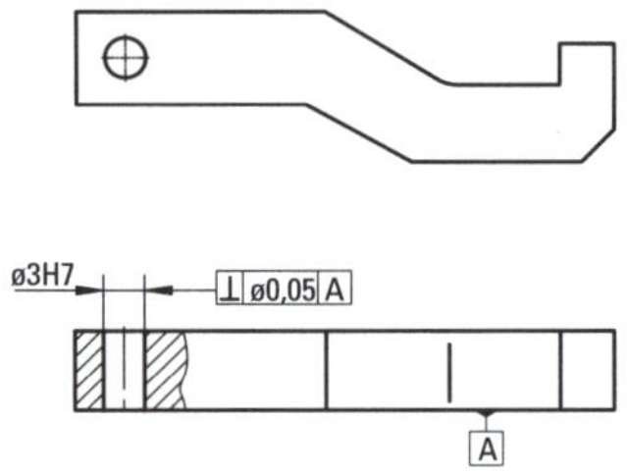	Tolerierte Eigenschaft:	Toleriertes Element:
⊕ ø3H7 ⊥ ø0,05 A A	Toleranzwert:	Bezugselement:
c) 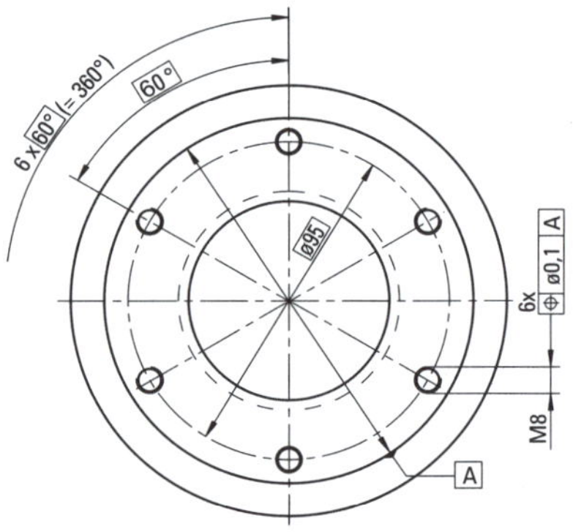	Tolerierte Eigenschaft:	Toleriertes Element:
6 x 60° (= 360°) 60° ø85 6x ⊕ ø0,1 A M8 A	Toleranzwert:	Bezugselement:
d) 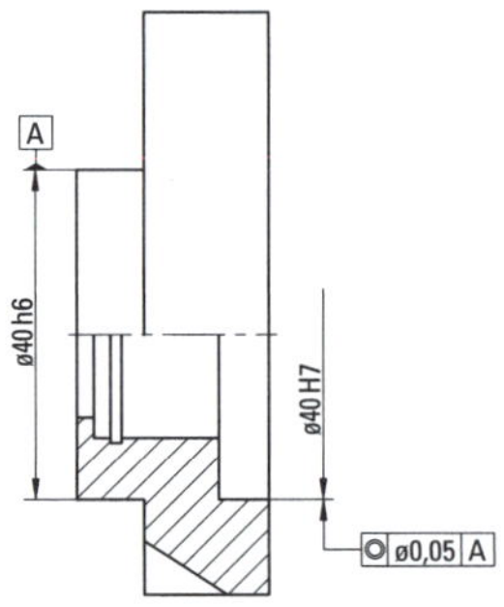	Tolerierte Eigenschaft:	Toleriertes Element:
A ø40 h6 ø40 H7 ⌾ ø0,05 A	Toleranzwert:	Bezugselement:

27. Tragen Sie die Tolerierung
($t = 0,05$ mm) als Toleranz mit
dreiteiligem Toleranzrahmen
ein und erläutern Sie die
Toleranzbedingung.

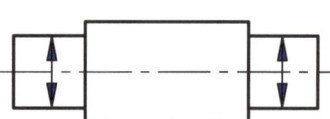

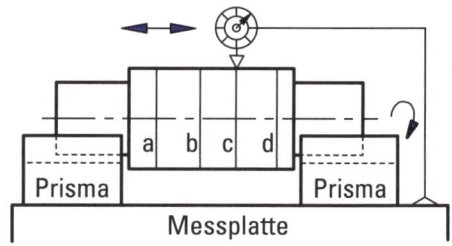

Prisma   a b c d   Prisma

Messplatte

Copyright Verlag Handwerk und Technik, Hamburg – handwerk-technik.de

| Name: | Klasse: | Datum: | Seite: | **32** |

Copyright Verlag Handwerk und Technik, Hamburg – handwerk-technik.de

28. **a)** Kreuzen Sie die normgerechte Tolerierung an und markieren Sie die Fehlerstellen in den beiden übrigen Beispielen.

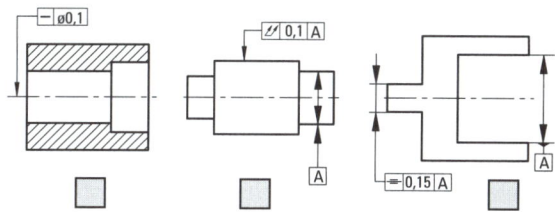

Für den Zwischenflansch (Pos. 2) der Drehvorrichtung gelten folgende Bedingungen:

- Die Achse des rechten Aufnahmezapfens muss sich innerhalb eines Zylinders mit Durchmesser 0,02 mm befinden. Die Achse dieses Zylinders muss koaxial zur Achse des Kegels (Ø64) liegen.
- Die Achsen der Gewinde müssen in einem Zylinder mit Ø 0,1 mm verlaufen. Diese Zylinderachsen liegen theoretisch genau unter 60° auf einem Lochkreis mit Ø 95 mm. Der Mittelpunkt des Lochkreises befindet sich im Mittelpunkt des Aufnahmezapfens (Ø 110h7).

b) Tragen Sie diese Bedingungen in die Zeichnung des Zwischenflanschs ein.

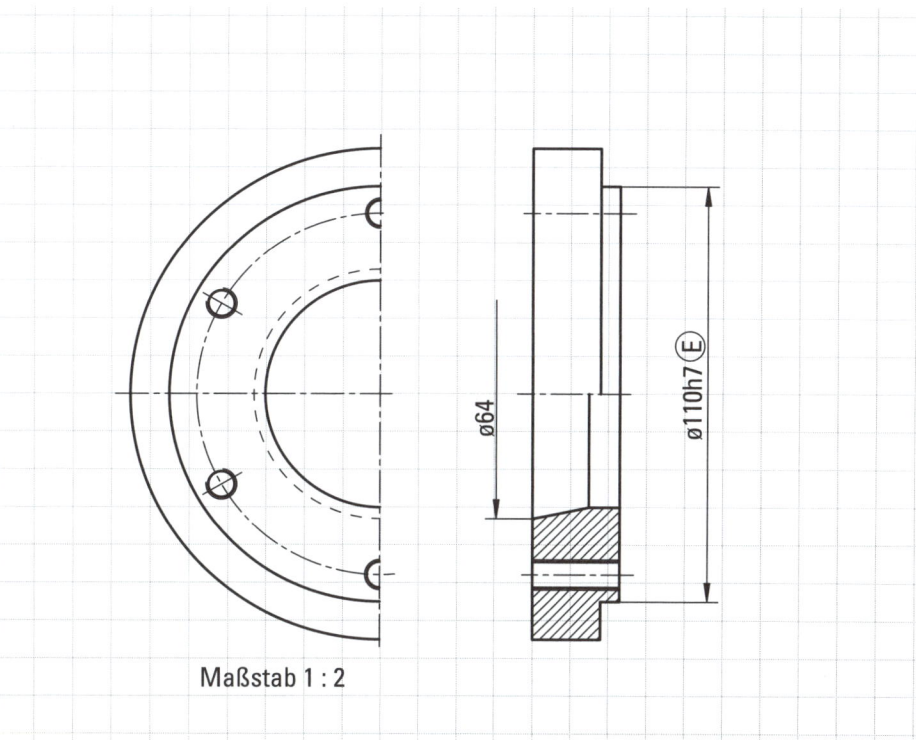

Maßstab 1 : 2

Messen von Form- und Lagetoleranzen

Aufgrund der Komplexität der Form- und Lagetoleranzen wird häufig die Koordinaten-Messung eingesetzt. Bei der Messung komplizierter Werkstückgeometrien mit vielen zu prüfenden Toleranzen sind einfache Messgeräte oft nicht mehr einsetzbar. In diesen Fällen werden rechnerunterstutzte Koordinatenmessmaschinen eingesetzt.

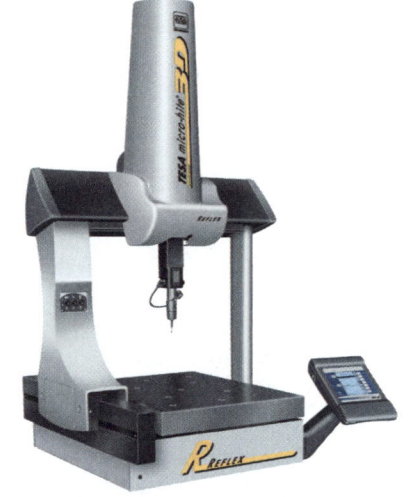

Koordinatenmessmaschine

Teilzeichnung für die Aufnahme (Pos. 3)

SIEHE DOWNLOAD: PROJEKT 2, SEITE 33, AUFGABE 29

29. Ergänzen Sie die Teilzeichnung der Aufnahme (Pos. 3)

Teilzeichnung für den Spannstern (Pos. 5)

SIEHE DOWNLOAD: PROJEKT 2, SEITE 33, AUFGABE 30

30. Ergänzen Sie die Teilzeichnung des Spannsterns (Pos. 5).

Name:	Klasse:	Datum:	Seite: **33**

Geometrische Produktspezifikation (GPS)

Im Rahmen der fortschreitenden Globalisierung nimmt das ökonomische Prinzip des Outsourcings inzwischen eine bedeutende Stellung ein. Hierbei erfolgen die Auslagerung und Abgabe von ehemals unternehmensspezifischen Aufgaben, Strukturen und Fertigungsprozessen an externe Dienstleister. Grundlage dafür sind Verträge, die die zu erbringenden Leistungen umfassend beschreiben. Bestandteil eines solchen Vertragswerks sind oftmals technische Zeichnungen der betreffenden Produkte. Aufgrund der oben beschriebenen ökonomischen Zusammenhänge, sowie vor dem Hintergrund der Produkthaftung, ist es zwingend erforderlich, dass diese technischen Zeichnungen eine eindeutige und vollständige Beschreibung der Geometrie eines Werkstücks gewährleisten.

Durch Inkrafttreten der DIN EN ISO GPS-Normen (**G**eometrische **P**rodukt**s**pezifikation) haben sich die Regeln zur Bemaßung und damit in Zusammenhang stehenden Tolerierung von Werkstücken verändert.

Bei der Herstellung von Bauteilen und Baugruppen kommen Toleranzen[1] aufgrund ihrer möglichen Auswirkungen auf Funktionalität, Austauschbarkeit, Fertigungs- und Montagekosten, weiterhin eine entscheidende Bedeutung zu. Hinzu kommt nun, dass eine Eindeutigkeiten bei der Spezifikation[2] von Werkstücken erreicht und Interpretationsspielraum vermieden wird.

Ergänzende ISO-GPS-Normen betreffen Herstellungsprozesse und spezielle Maschinenelemente	DIN ISO 2768 DIN EN ISO 8062 DIN EN ISO 13920	Allgemeintoleranzen Toleranzen für Formteile Toleranzen für Schweißkonstruktionen
Allgemeine ISO-GPS-Normen betreffen geometrische Eigenschaften	DIN EN ISO 286 DIN EN ISO 1302 DIN EN ISO 1101	ISO-Passungen Oberflächenbeschaffenheit geometrische Tolerierung
Grundlegende („Fundamentale") ISO-GPS-Normen enthalten allgemeingültige Regeln und Grundsätze	DIN EN ISO 14638 DIN EN ISO 8015	GPS-Matrix-Modell GPS-Konzepte und Regeln

Aufbau und Rangordnung ISO-GPS-Normen

Merke

Das ISO-GPS-Matrix-Modell hat zum Ziel, geometrische Merkmale wie Größenmaße, Form, Richtung und Lauf in technischen Unterlagen vollständig zu beschreiben und eine eindeutige Geometriebestimmung zu ermöglichen. DIN EN ISO 8015 ist die Grundnorm der GPS-Normung mit Bezug auf die Zeichnungsangaben. Sie beeinflusst alle anderen globalen, allgemeinen und ergänzenden Normen im ISO-GPS-System. Diese Norm regelt u. a. die Grundsätze des Aufrufens, des Geometrieelementes, der Unabhängigkeit und der bestimmenden Zeichnung. Um die in der Globalisierung bestehenden Text- und Sprachbarrieren möglichst klein zu halten, wird versucht, bei der geometrischen Produktspezifikation möglichst mit Ziffern und Symbolen auszukommen, um textgebundene Informationen zu vermeiden. In Zusammenhang mit Industrie 4.0 liefert eine konsequente Anwendung der GPS-Normen wichtige Beiträge zur Produktentwicklung und Umsetzung industrieller Wertschöpfung (siehe Seite 43).

Um Eindeutigkeit zu erzielen und zur Verbesserung der Kommunikation zwischen Entwicklung, Konstruktion, Fertigungsplanung, Fertigung und Qualitätssicherung beizutragen, wurden im Bereich der Technischen Produktspezifikation viele Normen überarbeitet. Maßangaben und Tolerierungen werden z. B. in der allgemeinen GPS-Norm DIN EN ISO 14405[3] – Dimensionelle Tolerierung eindeutig beschrieben.

---

[1] Siehe Spannvorrichtung Seite 5

[2] Spezifizieren heißt in diesem Zusammenhang, zulässige Abweichung von der geometrischen Idealform durch Toleranzen und Normen, sowie durch Vorschriften zu den Messmethoden und Auswerteverfahren eindeutig zu bestimmen.

[3] DIN EN ISO 14405 regelt als <u>allgemeine</u> GPS-Norm die Spezifikation von Längenmaßen. Sie besteht aus drei Teilen. Teil 1: Spezifikationsoperatoren für *Längenmaße* (Zylinder, Kugel, zwei parallel gegenüberliegende Flächen); Teil 2: Spezifikationsoperatoren für *andere als lineare Maße* (Stufenmaße, Bohrungsabstände, Radien etc.); Teil 3: *Eintragungsregeln für Winkelmaße*.

Copyright Verlag Handwerk und Technik, Hamburg – handwerk-technik.de

Name:	Klasse:	Datum:	Seite:	**34**

31. Nennen Sie zwei Normen, die Teil des hierarchischen ISO-GPS-Systems sind und die Sie schon verwendet haben.

32. Welche Vorgaben lassen sich aus der Zeichnung der Welle (Pos. 2) des Flanschgetriebes (siehe Seite 68) vor dem Hintergrund der GPS ableiten? Kreuzen Sie an.

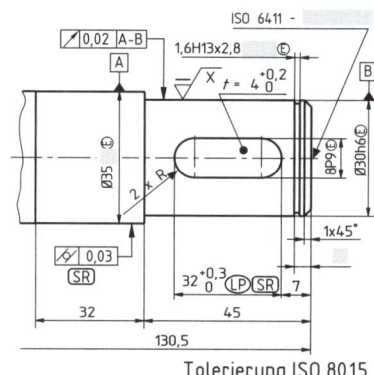

- Für die Zeichnung ist das GPS-Normensystem anzuwenden. □ ja □ nein
- Maß-, Form- und Lagetoleranzen gelten unabhängig voneinander (ISO 8015). Jedoch gibt es Ausnahmen. □ ja □ nein
- Für das Maß 30h6 gilt das Hüllprinzip. Das heißt, die Prüfung von Maß und Form muss gleichzeitig erfolgen. □ ja □ nein
- Das Maß 4+0,2 ist ein Zweipunktmaß, d.h. jede Messung muss an jeder Stelle innerhalb der Toleranz liegen. □ ja □ nein

Welle (2) Flanschgetriebe (ohne Einzelheit der Nut für Sicherungsring)

33. Beschreiben Sie, warum die bisherige Bemaßung eines Radius R10 unter Verwendung einer Plus-Minus-Tolerierung mehrdeutig sein kann. Erklären Sie anschließend, wie durch die Anwendung des ISO-GPS-Normensystems für Eindeutigkeit bei der Tolerierung gesorgt werden kann.

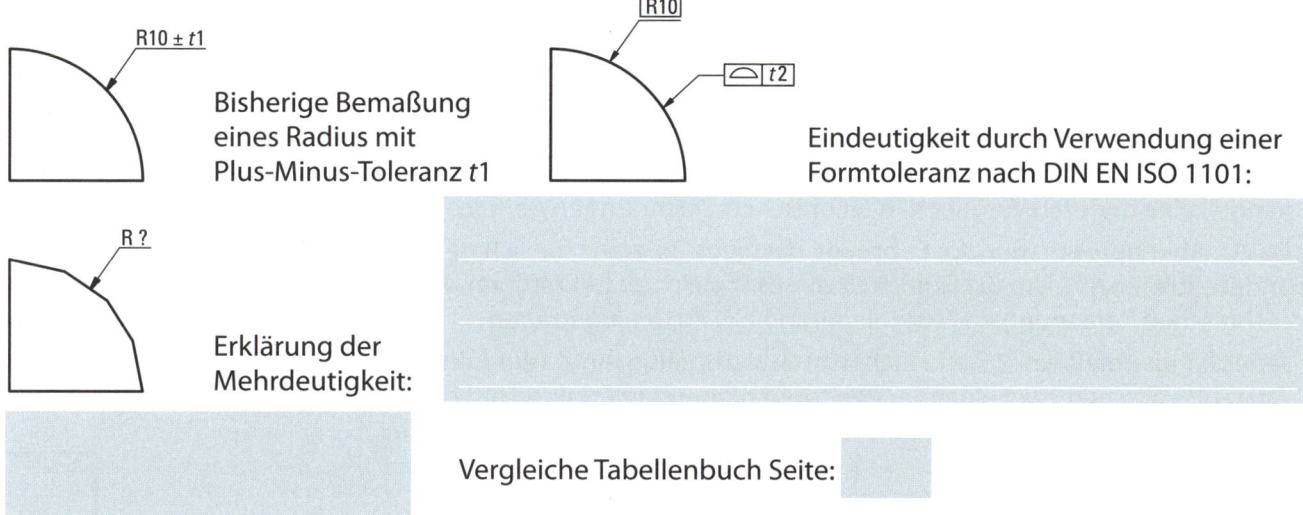

Bisherige Bemaßung eines Radius mit Plus-Minus-Toleranz $t1$

Eindeutigkeit durch Verwendung einer Formtoleranz nach DIN EN ISO 1101:

Erklärung der Mehrdeutigkeit:

Vergleiche Tabellenbuch Seite:

Den Konstrukteuren bieten die GPS-Normen nun auch die Möglichkeit neben der Tolerierung der Maße, auch die Prüfung und Auswertung der Maße vorzugeben und so für mehr Eindeutigkeit zu sorgen. Im Beispiel der Welle (Pos. 2) des Flanschgetriebes (Bild oben) bedeutet:

32 +0,3: Grenzmaße des tolerierten Längenmaßes → 32,0 / 32,3

(LP): das anzuwendende Messverfahren → Zweipunktmessung

[SR]: die statistische Auswertung der gesammelten Messwerte → Spanne aus Differenz des größten und kleinsten Messwerts

Merke

Mithilfe der Modifikationssymbole für Längenmaße kann einem tolerierten lokalen Maß auch das anzuwendende Messverfahren und/oder die statistische Auswertung der erfassten Messwerte hinzugefügt werden.

Copyright Verlag Handwerk und Technik, Hamburg – handwerk-technik.de

Name: Klasse: Datum: Seite: **35**

Grundsätze der DIN EN ISO 8015

34. Recherchieren Sie die Grundsätze der Grundnorm DIN EN ISO 8015 mithilfe des Internets und vervollständigen Sie die Erläuterungen zu den genannten Grundsätzen.

Grundsatz des Aufrufens:

Grundsatz des Geometrieelements:

Grundsatz der Unabhängigkeit:

Grundsatz der bestimmenden Zeichnung:

Solange keine anderen Vorgaben in technischen Zeichnungen gemacht werden, gilt stets:

- Das Unabhängigkeitsprinzip: Es besagt, dass jede Toleranz für sich geprüft wird, das heißt ohne Bezüge auf andere Toleranzen. Um die Gültigkeit dieses Prinzips zu bekräftigen, wird beispielsweise im Schriftfeld einer technischen Zeichnung im Feld Tolerierung ISO 8015 eingetragen.
- Jedes Längenmaß eines Werkstücks ist standardmäßig ein Zweipunktmaß (LP[1]). Ein Zweipunktmaß ist der Abstand zwischen zwei einander gegenüberliegenden Punkten auf dem Maßelement. Ein Maßelement ist die geometrische Form, definiert durch eine Längen- oder Winkelmaßangabe.

> **Merke**
>
> Das Zweipunktmaß ist das Standardmaß in technischen Zeichnungen und gilt, sobald eine der GPS-Normen aufgerufen ist. Wenn hinter einer Maßtoleranz keine weiteren Eintragungen stehen, muss das zugehörige Symbol (LP) nicht angegeben werden.

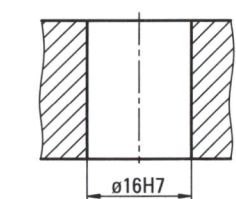

Die im Bild gezeigte Welle und zugehörige Bohrung sollen eine Passung ergeben.

Die in der Zeichnung gezeigte Bemaßung Ø16 H7/f7 ergab laut Tabellenbuch Seite [2]

bisher immer eine   , wie sie beispielsweise für Steuerkolben

in Zylindern oder Gleitlager üblich ist.

---

[1] LP, engl.: local point

[2] DIN 7157 – Passungsauswahl wurde zurückgezogen

Copyright Verlag Handwerk und Technik, Hamburg – handwerk-technik.de

35. Welche Konsequenz hat der Rückzug der Norm DIN 7167 – *Hüllbedingung ohne Zeichnungseintrag* für diese Passung?

ø16f7

ø16f7

ø16f7

36. Unter welchen ungünstigen Bedingungen könnte die konstruktiv gewünschte Spielpassung dennoch verhindert werden?

ø16H7

ø16H7

Aus Aufgabe 35. und 36. ist ersichtlich, dass Passungen mit ISO-Toleranzen in technischen Zeichnungen nicht mehr wie bisher eindeutig toleriert werden können.

37. Erläutern Sie, wie die Bemaßung der Passung laut DIN EN ISO 14405-1 und der Verwendung des Modifikationssymbols Ⓔ[1] lauten muss, um die Spielpassung zu gewährleisten. Tragen Sie die Ergänzung in das Bild neben Aufgabe 35. ein.

38. Welche Konsequenz für die Wahl der Prüfmittel bei der Verifizierung der beiden Spezifikationen hat die Ergänzung der Hüllbedingung Ⓔ nach Aufgabe 37 (siehe auch Aufgabe 40.5 bis 40.10 im Download)?

---

[1] E, engl.: envelope

Copyright Verlag Handwerk und Technik, Hamburg – handwerk-technik.de

| Name: | Klasse: | Datum: | Seite: | **37** |

39. Vervollständigen Sie das Schriftfeld der Fertigungszeichnung zum Spannstern (Pos. 5).

Maßstab 1 : 1	Allgemeintoleranz		Oberfläche	Werkstoff	Rohteil	
Tolerierung	Längenmaße		Winkelmaße		Dokumentart	
	Erstellt durch Max Mustermann	Titel			Nummer LF5-01-2020	Sprache de
	Genehmigt durch Hans Mustermann				Änd. AE	Ausgabedatum 12.11.2021	Format A4	Blatt 28

Grundlagen der geometrischen Produktspezifikation

SIEHE DOWNLOAD: PROJEKT 2, SEITE 38, AUFGABE 40.1 BIS 40.12

40. Bearbeiten Sie die Fragen zu den geometrischen Produktspezifikationen (GPS).

Fertigungsplanung

Werkstücke sollen möglichst kostengünstig gefertigt werden. Dies verlangt eine sorgfältige Fertigungsplanung und den Einsatz geeigneter Betriebsmittel. Dadurch kann insbesondere die Hauptnutzungszeit und die Nebennutzungszeit reduziert werden. Die Kenntnis der Schnittkraft und Schnittleistung erleichtert die Auswahl der geeigneten Werkzeugmaschine.

Vor allem Werkstücke mit komplizierten Formen und höheren Anforderungen an die Genauigkeit, die in größeren Stückzahlen zu fertigen sind, positioniert und spannt man in speziellen Vorrichtungen. Mit der Drehvorrichtung (Seite 22) wird bei der Laufscheibe die Innenform in einer Aufspannung bearbeitet. Dadurch wird die verlangte Lagetoleranz der Planfläche zur Bohrungsachse eingehalten.

41. Für gedrehte Werkstücke kann die Kenngröße R_z angenähert aus dem Schneidenradius r und dem Vorschub f ermittelt werden. Notieren Sie die dazu notwendige

Formel (Tabellenbuch Seite:).

$R_z =$

42. Die abgebildete Laufscheibe wird mithilfe der Drehvorrichtung (Seite 22) gespannt. Kennzeichnen Sie die Flächen der Laufscheibe, an denen diese in der Vorrichtung positioniert wird und deuten Sie die Spannkraft mit Pfeilen an.

43. Nennen Sie drei Gründe, warum die Laufscheibe für die Innenbearbeitung nicht mit einem Dreibackenfutter gespannt wird.

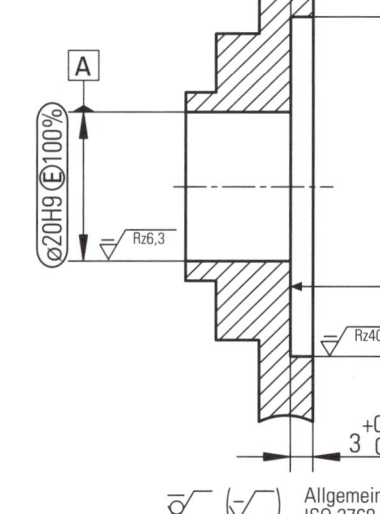

Hinweis: Die Zeichnung enthält nur Angaben für die Nachbearbeitung.

Copyright Verlag Handwerk und Technik, Hamburg – handwerk-technik.de

Einstellwerte und Betriebsmittelhauptnutzungszeit

Bevor die Laufscheibe für die Innenbearbeitung in der Drehvorrichtung gespannt wird, wird sie mit einem Durchmesser Ø19 vorgebohrt.

44. Bestimmen Sie durch Berechnung die in der Tabelle genannten Werte.

Drehfrequenz n für das Längs-Runddrehen der Innenform bei einer Schnittgeschwindigkeit

$v_c = 55\,\text{m/min}$ (Tabellenbuch Seite:).

Die Hauptnutzungszeit t_{h1} für die Innenbearbeitung, wenn in einem Schnitt über die ganze Werkstücklänge ($l_w = 17\,\text{mm}$) gespant wird, der Vorschub $f = 0,2\,\text{mm}$ und der An- und Überlauf jeweils

$l_a = l_ü = 1,5\,\text{mm}$ beträgt (Tabellenbuch Seite:).

Die Drehfrequenz n für das Quer-Plandrehen der Ansenkung bei einer Schnittgeschwindigkeit
$v_c = 45\,\text{m/min}$.

Die Hauptnutzungszeit t_{h2} für das Quer-Plandrehen in zwei Schnitten, wenn der Vorschub $f = 0,15\,\text{mm}$

und der Anlauf $l_a = 1,5\,\text{mm}$ beträgt (Tabellenbuch Seite:).

Die gesamte Hauptnutzungszeit t_{hges}.

Merke

Einstellwerte zusammen mit der Schneidengeometrie bestimmen auch die Spanform. Erwünscht sind kurze Spanformen, die gut von der Werkzeugschneide abgeführt werden können und nicht sperrig sind.

Copyright Verlag Handwerk und Technik, Hamburg – handwerk-technik.de

| Name: | Klasse: | Datum: | Seite: | **39** |

Schnittwerte berechnen

45. Bestimmen Sie für das Längs-Runddrehen der Bohrung bei einer Schnitttiefe $a_p = 0,5\,mm$, einem Einstellwinkel $\kappa = 90°$, den Korrekturfaktoren $C_1 = 1,1$ und $C_2 = 1,0$, sowie den Angaben von Aufgabe 44.

die folgenden Werte mithilfe des Tabellenbuchs Seite [____].

Spanungsquerschnitt A
Spanungsdicke h
Schnittkraft F_c
Vgl. Tabellenbuch Seite: _____ für Werkstoff 35S20 und $h = 0,2\,mm$
Zeitspanungsvolumen Q
Schnittleistung P_c
Zugeführte Leistung P_{zu}

46. Einstellwerte in Tabellen technischer Unterlagen liegen oft höher als in den Arbeitsplänen. Nennen Sie vier Einflussfaktoren für die Festlegung der Werte.

47. Kontrollieren Sie, ob beim Längs-Runddrehen der Bohrung ($f = 0,2\,mm$) die verlangte Kenngröße für die Oberflächenbeschaffenheit bei einem Schneidenradius $r = 0,5\,mm$ eingehalten wird.

$R_{zber.}$

$R_{zber.}$ $R_{zgef.}$

Copyright Verlag Handwerk und Technik, Hamburg – handwerk-technik.de

Fertigungsplan für die Laufscheibe

SIEHE DOWNLOAD: PROJEKT 2, SEITE 41, AUFGABE 48

48. Ergänzen Sie den Fertigungsplan für die Innenbearbeitung der Laufscheibe.

Wiederholung – Klappenschieber

SIEHE DOWNLOAD: PROJEKT 2, SEITE 41, AUFGABE 49.1 BIS 49.5

49. Bearbeiten Sie die Fragen zum Klappenschieber.

Aufnahme (Pos. 3) nicht maßstäblich

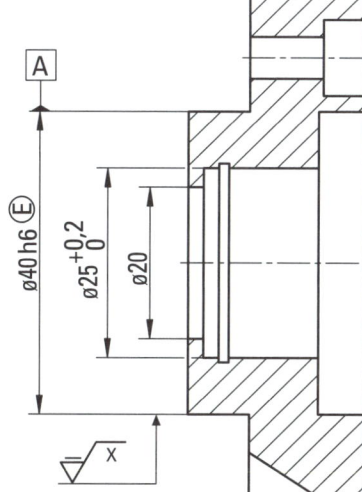

Analoge und digitale Messgeräte

Für das Maß Ø40h6 der Aufnahme Pos. 3 stehen mehrere Prüfmöglichkeiten zur Verfügung. Nach DIN EN ISO 268 ergeben sich für die Toleranzklasse h6

beim Ø40 mm die Grenzabmaße e_s = _____ und e_i = _____ (siehe Tabel-

lenbuch Seite: _____). Für die Prüfung stehen grundsätzlich Lehren (z. B. Grenz-

rachenlehre) und Messgeräte (z. B. Feinzeiger-Messschraube) zur Auswahl.

50. Kreuzen Sie die richtigen Aussagen an.

- Die Verwendung von Lehren ist zeitaufwendig und kostenintensiv. ☐ richtig ☐ falsch
- Lehren lassen nur die Aussagen „Gut", „Ausschuss" oder „Nacharbeit" zu. ☐ richtig ☐ falsch
- In der Serienfertigung werden bevorzugt Lehren verwendet. ☐ richtig ☐ falsch
- Liegen Messwerte vor, lässt sich rechtzeitig erkennen, ob Maschineneinstellungen geändert werden müssen. ☐ richtig ☐ falsch

51. Erläutern Sie das Prinzip der „Eins-zu-Zehn"-Regel und deren Bedeutung für die Auswahl des Messgeräts zur Prüfung des Durchmessers Ø40h6 der Aufnahme (Pos. 3).

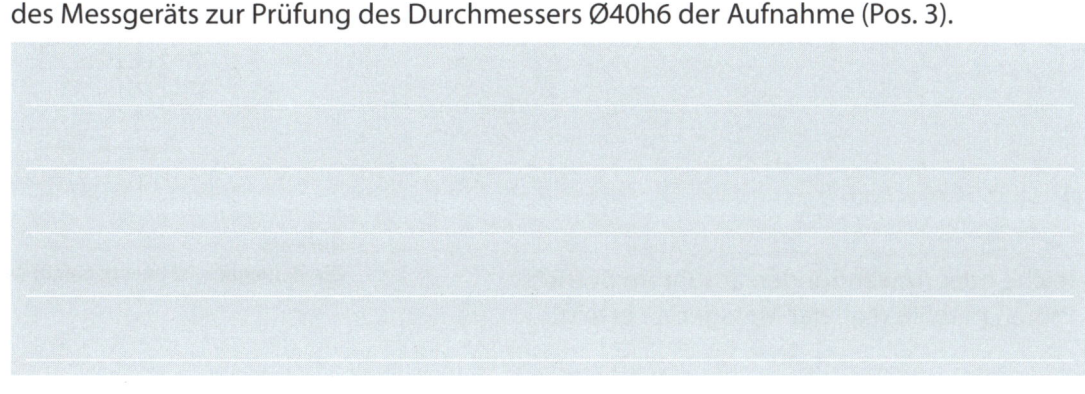

Analoge Feinzeiger-Messschraube

Copyright Verlag Handwerk und Technik, Hamburg – handwerk-technik.de

Merke

Wird ein Bauteil z. B. im Rahmen einer Reparaturmaßnahme nur einmal gefertigt, so ist das Messen mit Feinzeiger-Messschraube schneller und kostengünstiger. Für größere Stückzahlen oder in der Serienfertigung ist es üblich, die Messwerterfassung weiter zu rationalisieren.

Name:	Klasse:	Datum:	Seite: **41**

52. Aus welchem Grund soll beim Messen des Durchmessers Ø40h6 am Bund der Aufnahme (Pos. 3) mehrmals in verschiedenen Winkellagen gemessen werden?

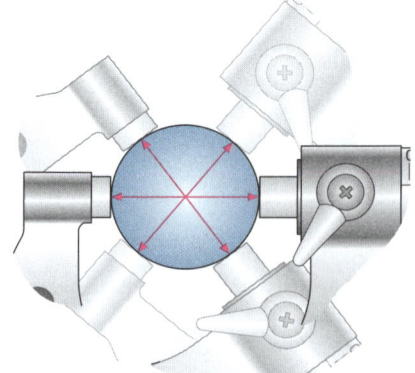

**Mehrmalige Messen
in verschiedenen Winkellagen**

53. Füllen Sie die Lücken: Um die Messwerterfassung weiter zu rationalisieren muss durch das Messgerät, eine unmittelbare Umwandlung einer

Langenänderung in eine _____ (*leesectrkih*) Größe wie z. B.

Strom, Spannung oder Widerstand erfolgen. Dazu sind die Messgeräte mit Messwertaufnehmern (auch Sensoren genannt) bestückt.
Oft eingesetzte Sensoren sind der induktive Taster und der kapazitive Taster. Die durch sie erzeugten Signalen müssen in den meisten Fällen

_____ (*kätsrtevr*) werden. Die erzeugten Signale werden in

_____ (*menfassMesproswerterungsgram*) weiterverarbeitet.

Messwertaufnehmer

> **Merke**
>
> Elektronische Messwertaufnehmer stellen elektrische Signale zur unmittelbaren Weiterverarbeitung mit Messwertprogrammen zur Verfügung. Eine in diesem Zusammenhang durchgeführte Messung ist immer eine diskontinuierliche Messung, da die Messgröße periodisch oder aperiodisch ermittelt und weiterleitet wird.

54. Erläutern Sie die Bedeutung der Bemaßung Ø20H9 Ⓔ100% der Laufscheibe.

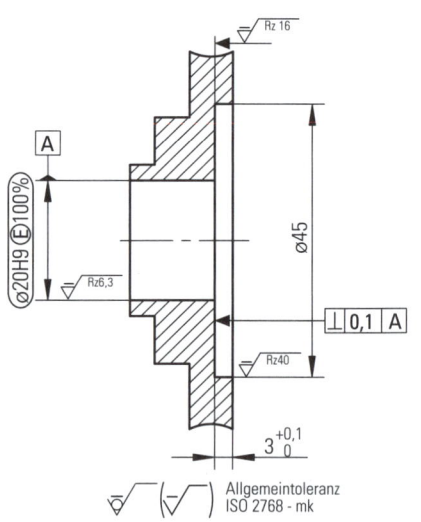

**Hinweis:
Die Zeichnung ist unvollständig bemaßt**

55. Nennen Sie Bereiche oder Anwendungen aus ihrem Betrieb, bei denen das Prüfen mithilfe digitaler Messgeräte erfolgt.

Copyright Verlag Handwerk und Technik, Hamburg – handwerk-technik.de

Industrie 4.0

Das Zukunftsprojekt Industrie 4.0 der deutschen Bundesregierung, basiert auf einer umfassenden Digitalisierung der industriellen Produktion. Sie beschreibt einen grundlegenden Innovations- und Transformationsprozess industrieller Wertschöpfung. Ziel ist ein flexibles, hochdynamisches und weltweit vernetztes Wertschöpfungsnetzwerke mit neuen Arten der Kooperation.

56. Ergänzen Sie die Mindmap mit den konkreten Zielen, die durch die Veränderungen im Zuge von Industrie 4.0 verfolgt werden.

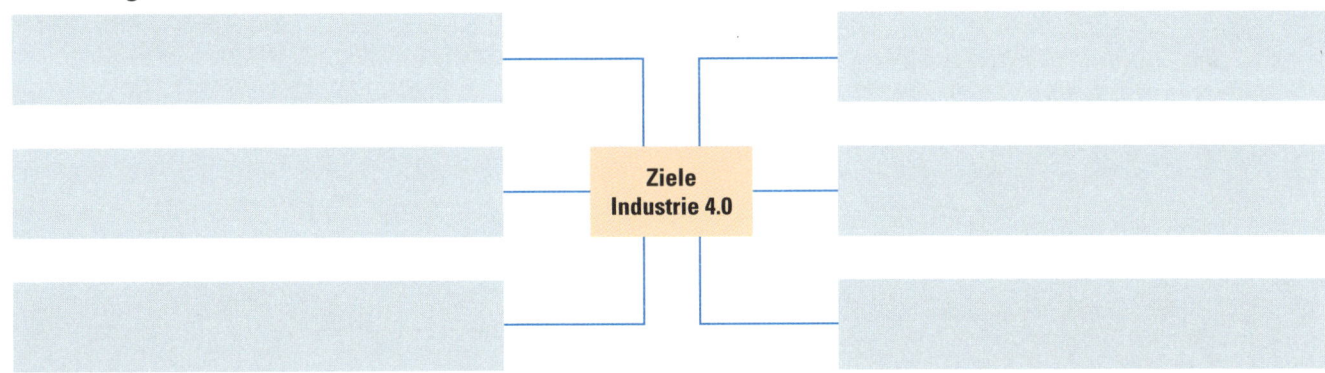

Industrie 4.0 setzt die schon seit langem begonnene Digitalisierung durch z.B. CAD, CAE etc. konsequent unter Anwendung von vier Grundprinzipien fort.

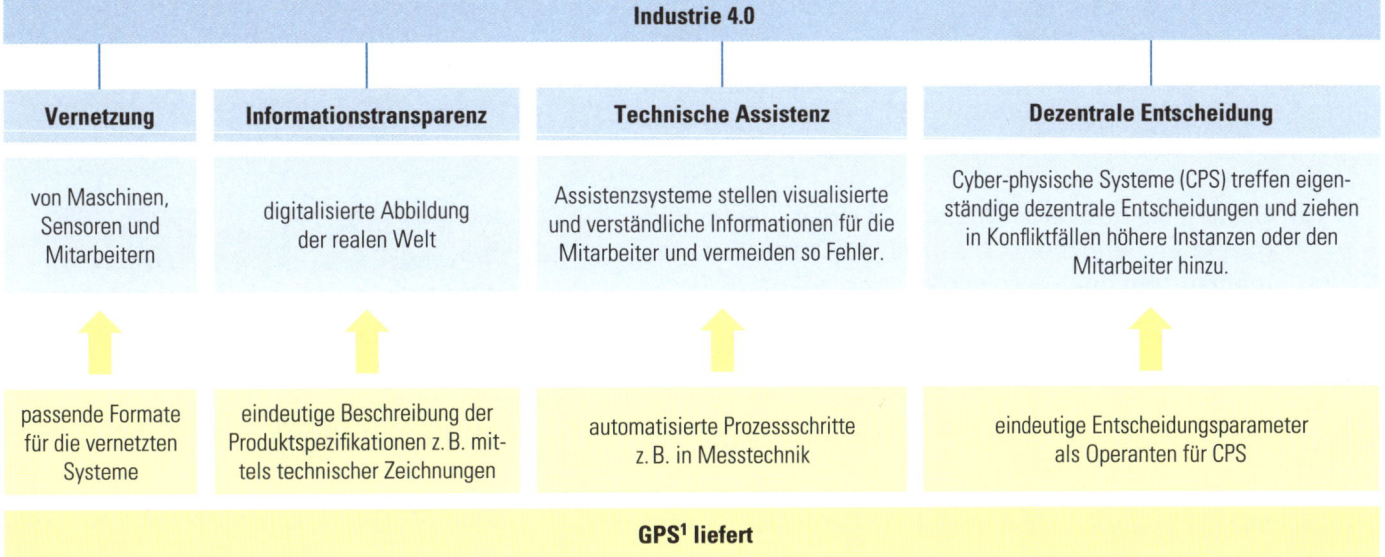

Copyright Verlag Handwerk und Technik, Hamburg – handwerk-technik.de

Merke

Industrie 4.0 bezeichnet die intelligente Vernetzung von Maschinen, Abläufen, Produkten und Nutzern mithilfe von moderner Informations- und Kommunikationstechnologie.

Datenmanagementsysteme

Datenmanagementsysteme sind die Voraussetzung für die Realisierung von Industrie 4.0. Sie ermöglichen die datenbankgestützte Verknüpfung aller technischen Daten, die bei der Planung, Fertigung, Vertrieb, Nutzung und Entsorgung eines bestimmten Produkts entstehen.

---

[1] siehe Seite 34

| Name: | Klasse: | Datum: | Seite: | **43** |

57. **a)** Erläutern Sie zunächst detailliert die Funktion und Anwendung des abgebildeten Messschiebers.

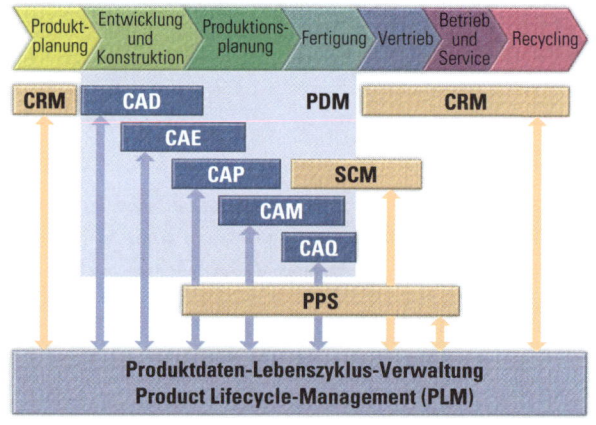

Digitaler Messschieber mit Datenausgang

b) Ordnen Sie nun dieses Messgerät einem der im Bild gezeigten Bereiche zu, die in einem Datenmanagementsystem integriert werden, und erläutern Sie ihre Zuordnung.

CRM: Customer-Relationship-Management steht für Kundenbeziehungs-management bzw. Kundenpflege.

CAD: Computer Aided Design steht für „rechnerunterstützte Konstruktion".

CAE: Computer Aided Engineering steht für „rechnergestützte Entwicklung".

CAP: Computer Aided Process Planning steht für „rechnergestützte (Fertigungs-)prozess-Planung".

CAM: Computer Aided Manufacturing steht für „rechnerunterstützte Fertigung".

CAQ: Computer Aided Quality steht für „rechnerunterstützte Qualitäts-sicherung"

PPS: Produktionsplanungs- und Steuerungssystem (PPS) unterstützen den Anwender bei der Produktionsplanung und -steuerung.

SCM: Supply-Chain-Management steht für Lieferkettenmanagement.

PDM: Das Produktdatenmanagement verknüpft alle technischen Daten, die bei der Fertigung des Produkts durch die rechnerunterstützten Verfah-ren (CAD, CAE, CAP, CAM und CAQ) entstehen.

Datenmanagementsystem

Copyright Verlag Handwerk und Technik, Hamburg – handwerk-technik.de

Merke

Datenmanagementsysteme fassen die Daten aus den verschiedenen Bereichen zusammen. Dies ist nur möglich, wenn sie alle Daten, die meist in unterschiedlichen Formaten vorliegen, verknüpfen können. Die Systeme sind somit Integrationsplattformen, die alle rechnergestützten Anwendungen über Schnittstellen zu einem Gesamtsystem verbinden und damit eine strukturierte Datenhaltung ermöglichen.

58. Recherchieren Sie im Internet und versuchen Sie Erklärungen für die Schlagworte zu finden. Tragen Sie ihre Ergebnisse in die Tabelle ein.

Schlagwort	Erklärung
Flexible Produktion	
Optimierte Logistik	
Einsatz und Analyse von Daten	
Ressourcenschonende Kreislaufwirtschaft	

59. Welcher Unterschied besteht mit Blick auf den Zeitpunkt der Definition der Begriffe der ersten bis dritten Industrierevolution und der der vierten Industrierevolution?

Copyright Verlag Handwerk und Technik, Hamburg – handwerk-technik.de

60. Verschaffen Sie sich im Internet einen Überblick[1] über die in Deutschland bereits aktiven Projekte zu Industrie 4.0 und berichten Sie ihren Mitschülerinnen und Mitschülern, in welchen Branchen die Umsetzung bereits erfolgreich ist.

61. Unternehmen, die sich an Industrie 4.0 beteiligen, zeichnen ihre Produkte oftmals mit einem Strichcode aus. Erläutern Sie die Verwendung und den Sinn eines solchen Strichcodes. Benennen Sie das aktuell gültige Identifikationssystem.

9 783582 590374

Länderkennung Betriebsnummer Artikelnummer Prüfziffer

maschinenlesbarer Strichcode

62. Anhand des Y-Modells können die wesentlichen produktiven Prozesstypen eines Industriebetriebs[2] und die mit Industrie 4.0 verbundenen Technologien[3] visualisiert werden. Vervollständigen Sie das Modell mit den Begriffen Produktion, Auftrag, Produkt, Real time, Smart Factory, Planung, Produktentwicklung.

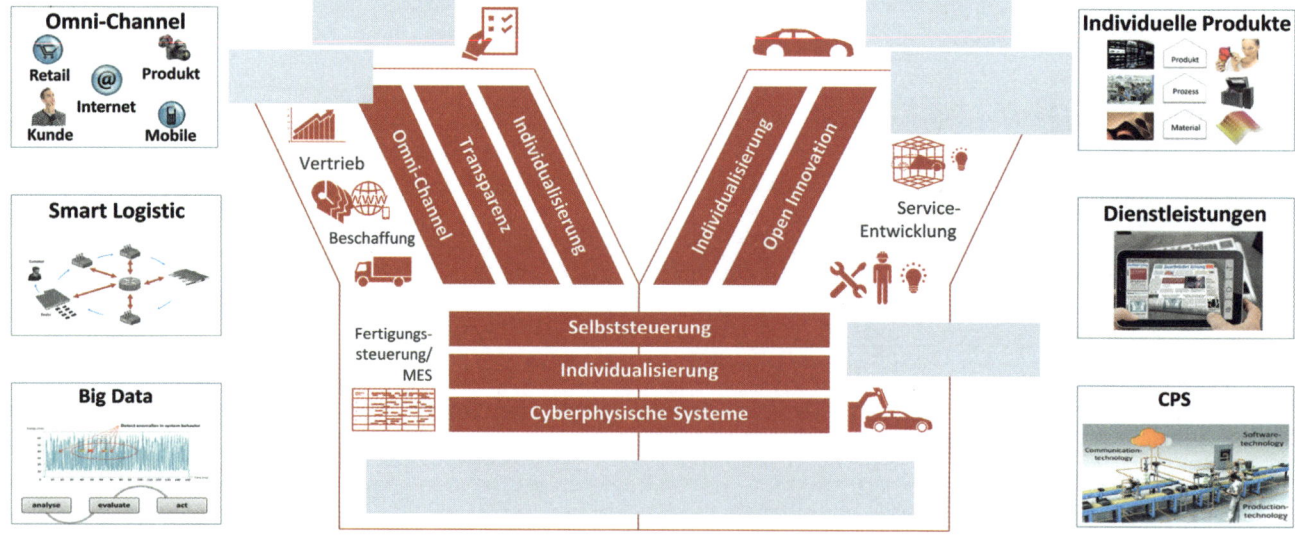

Y-Modell Industrie 4.0 im Überblick

---

[1] Nutzen Sie dazu die Karte des Internetauftritts zu Industrie 4.0:
https://www.plattform-i40.de/IP/Navigation/DE/Angebote-Ergebnisse/Industrie-4-0-Landkarte/industrie-4-0-landkarte.html

[2] Im Y-Modell bezeichnen die grafischen Symbole die Funktionen, die Balken enthalten die betriebswirtschaftlichen Treiber von Industrie 4.0

[3] Außerhalb des Ypsilons

Copyright Verlag Handwerk und Technik, Hamburg – handwerk-technik.de

| Name: | Klasse: | Datum: | Seite: **46** |

63. Versuchen Sie in ihrer Firma herauszufinden, welche Bedeutung die folgenden Begriffe[1] aus dem Bereich Industrie 4.0 haben und ob sie in Ihrem Betrieb zum Einsatz kommen.

- Cloud computing
- Big Data
- Internet of Things
- Predictive Maintenance
- Augmented Reality
- Smart Meter

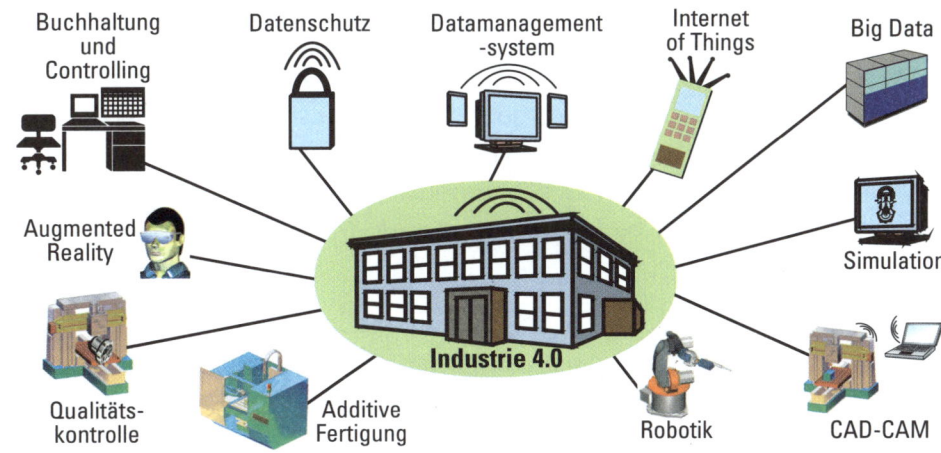

Informationssicherheit

Eine Umsetzung von Industrie 4.0 kann in einem Betrieb beispielsweise durch die vorausschauende Wartung von Maschinen erfolgen. Durch Einsatz von Sensoren wird hierbei der Zustand der Produktionsmittel ständig überwacht und gegebenenfalls rechtzeitig gegengesteuert. Eine solche Wartung ist nur durch modernste Informations- und Kommunikationstechnik möglich und ist dafür zeit- und kosteneffektiv.

Die Nutzung modernster Informations- und Kommunikationstechnologien, nicht nur im Zuge von Industrie 4.0, ist für den Betrieb jedoch nur von Nutzen, wenn dessen Zuverlässigkeit und Sicherheit gewährleistet ist.

64. Aus welchem Grund stellen unzureichend geschützte Information und Daten ein Risikofaktor für Betriebe dar?

65. Nennen Sie mögliche Dokumente, die Sie während der Herstellung und Montage der Drehvorrichtung auf Seite 22 benutzen oder erzeugen und mit denen Sie sicher und verantwortungsbewusst umgehen müssen.

---

[1] Begriffe, die aus der englischen Sprache in der deutschen Sprache Verwendung finden, werden Anglizismen genannt.

Copyright Verlag Handwerk und Technik, Hamburg – handwerk-technik.de

| Name: | Klasse: | Datum: | Seite: | **47** |

Copyright Verlag Handwerk und Technik, Hamburg – handwerk-technik.de

Merke

Eine wichtige Grundvoraussetzung für die erfolgreiche Umsetzung und Implementierung von Industrie 4.0 ist

– ein sicherer und vertrauensvoller Umgang mit Daten (Datenschutz)

– ein verlässlicher Schutz der unternehmensübergreifenden Kommunikation (Datensicherheit).

Dazu muss bei allen Beteiligten ein Bewusstsein für zentrale Sicherheitsaspekte etabliert werden, um darauf aufbauend, die grundlegenden Sicherheitsmaßnahmen umzusetzen.

Datenschutz + Datensicherheit + Datensicherung = Informationssicherheit

66. Ergänzen Sie in der Tabelle Beispiele für Maßnahmen, die die Informationssicherheit beeinflussen.

	Datenschutz	Datensicherheit	Datensicherung
Beschreibung/ Maßnahmen	Alle Maßnahmen, zum Schutz der Personen, die in Verbindung mit den Daten stehen[2].	Alle Maßnahmen, die direkt die Daten selbst betreffen.	Alle Maßnahmen, die den Umgang mit den Daten betreffen.
Ziel	Personenbezogene Daten sollen gegen Missbrauch geschützt werden.	Die Verfügbarkeit, Integrität, Vertraulichkeit und Authentizität der Daten sollen sichergestellt sein.	Daten vor Verlust sichern und gegebenenfalls wiederherzustellen.
Beispiel			

[2] Die Grundlage dafür bildet das Bundesdatenschutzgesetz (BDSG).

Grundlagen der CNC-Technik

Der entscheidende Unterschied zu einer konventionellen Werkzeugmaschine besteht bei einer CNC-Werkzeugmaschine darin, dass die Steuerung der Maschine durch das Zusammenspiel zwischen der Hardware und der Software erfolgt. Das Ergebnis des Fertigungsprozesses hängt also weniger von dem handwerklichen Geschick der Fachkraft ab. Deren Aufgabenschwerpunkt verlagert sich hin zum Planen, Überwachen und zur Fehleranalyse.

1. Nennen Sie drei äußere Merkmale, die eine CNC-Werkzeugmaschine von einer konventionellen Maschine unterscheiden.

Merke

Zusätzlich zu den bisher üblichen Fertigungsunterlagen, wie z. B. Teilzeichnung, Angaben zur Maschine etc. benötigt die Fachkraft für die Teilefertigung auf einer CNC-Werkzeugmaschine weitere technische Unterlagen, deren Anfertigung vom Mitarbeiter ein hohes Maß an Sorgfalt erfordert.

Aufgaben Steuerungsarten und Baueinheiten numerisch gesteuerter Werkzeugmaschinen.

SIEHE DOWNLOAD: PROJEKT 3, SEITE 49, AUFGABE 2.1 BIS 2.13

2. Bearbeiten Sie die Aufgaben zu den Steuerungsarten und Baueinheiten von numerisch gesteuerten Werkzeugmaschinen.

Vorgehen bei der CNC-Fertigung

Die folgenden Schritte zeigen einen Ablaufplan für die Teilefertigung auf CNC-Werkzeugmaschinen.
Er ist entsprechend dem Schwierigkeitsgrad des Werkstücks, den Möglichkeiten der Steuerung und der Erfahrung des Mitarbeiters anzupassen.

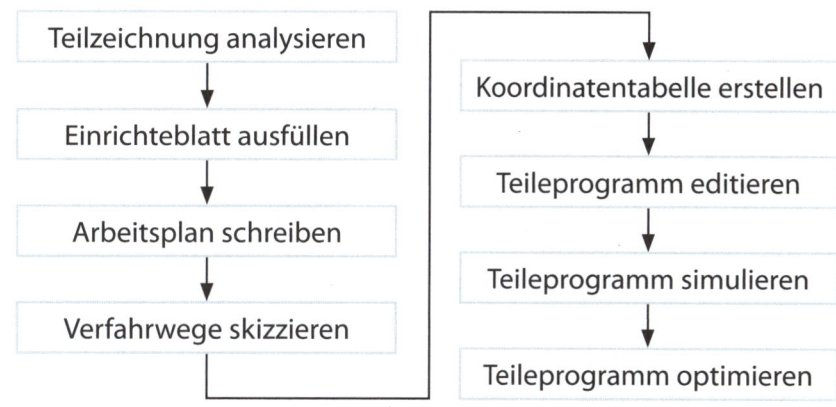

Ablaufplan für Teilefertigung auf CNC Werkzeugmaschinen

Copyright Verlag Handwerk und Technik, Hamburg – handwerk-technik.de

CNC-Fräsen

Teilzeichnung analysieren

Die Teilzeichnung des Schiebers enthält Angaben zu

- Form und Abmessungen der Geometrieelemente
- Oberflächenbeschaffenheit und Toleranzen
- Menge, Werkstoff und Halbzeug

Einrichteblatt ausfüllen

3. Nennen Sie drei Angaben, die ein Einrichteblatt zu einem Teileauftrag beinhalten kann.

4. Benennen Sie die im Einrichteblatt genannten Bezugspunkte.

MR : _____ : dient dazu,

die Lage des Werkzeugs[1] im Maschinenkoordinaten-system zu bestimmen

W : _____ : wird vom

Programmierer des Teileprogramms frei gewählt[2]

M : _____ : ist der Ursprung des

Maschinenkoordinatensystems

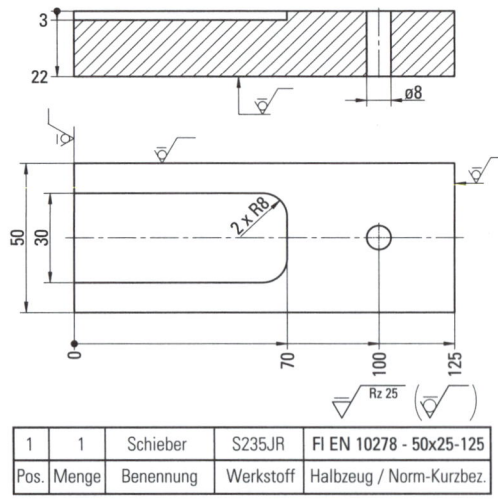

1	1	Schieber	S235JR	FI EN 10278 - 50x25-125
Pos.	Menge	Benennung	Werkstoff	Halbzeug / Norm-Kurzbez.

Stellgetriebe   Allgemeintoleranz ISO 2768 - mk

Teilzeichnung Schieber

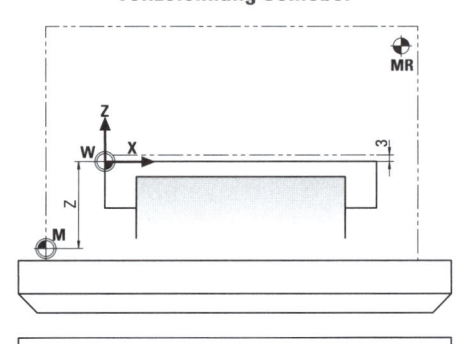

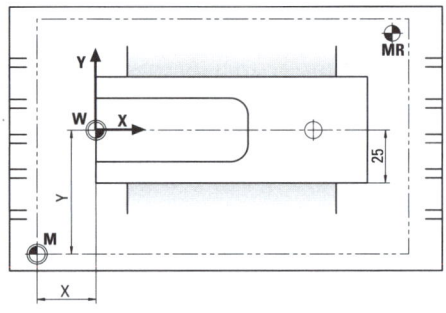

Einrichteblatt

Merke

Ausgehend vom Maschinennullpunkt ist die Lage des Werkstücknullpunkts durch die Maße x, y und z zu definieren. Meist wird mit einer absoluten Nullpunktverschiebung (G54–G57) der Werkstücknullpunkt daraufhin an die gewünschte Stelle verschoben. Mit G53 wird diese Verschiebung wieder deaktiviert.

Für individuelle Notizen

---

[1] z. B. nach dem Anschalten der Maschine oder nach einer Kollision

[2] meist dort von wo das gesamte Werkstück bemaßt ist oder wo es sich aus fertigungstechnischen Gründen anbietet

Copyright Verlag Handwerk und Technik, Hamburg – handwerk-technik.de

Name:	Klasse:	Datum:	Seite:	**50**

Copyright Verlag Handwerk und Technik, Hamburg – handwerk-technik.de

5. Vervollständigen Sie anhand der gezeigten Bilder die Beschreibung, wie mithilfe eines 3D-Tasters der Werkstücknullpunkt festgelegt wird.

Z-Richtung	X- / Y- Richtung

Der Maschinenbediener spannt den _____ in die _____ und verfährt ihn feinfühlig in Z-Richtung gegen die _____, bis die _____ am 3D-Taster erreicht ist. Auf dem Bildschirm wird der aktuelle Z-Wert angezeigt. Da der Rohling aber meist dicker als das fertig bearbeitete Werkstück ist, liegt der Werkstücknullpunkt in der Z-Achse (ZW) um diesen Betrag _____.	Beim Antasten in X- und Y-Richtung ist die Nullstellung am 3D-Taster erreicht, wenn um den _____ der Tastkugel feinfühlig weiter gegen die Werkstückoberfläche verfahren wird. Dadurch steht die Spindelmitte jeweils genau _____ der _____. An der Anzeige werden bei den Nullstellungen die entsprechenden X- und Y-Werte angezeigt.

In allen drei Achsen kann nun eine Verschiebung durch _____ der gewünschten Werte zu den angezeigten Werten erfolgen. Die errechneten Werte werden in den _____ unter der Adressen _____ eingegeben.

Einer dieser Werkstücknullpunkte wird am Anfang des CNC-Programms aktiviert, sodass sich ab diesem Zeitpunkt alle Koordinatenangaben im Programm auf den definierten _____ beziehen. Mit _____ wird die Verschiebung aufgehoben.

Bei Fräsern werden die Fräserlänge und der Fräserradius,

ausgehend vom _____ ⊕, meist

außerhalb der Maschine gemessen[1]. Nach dem Werkzeugwechsel liegt der Werkzeugeinstellpunkt des Fräsers auf der

_____ der Arbeitsspindel.

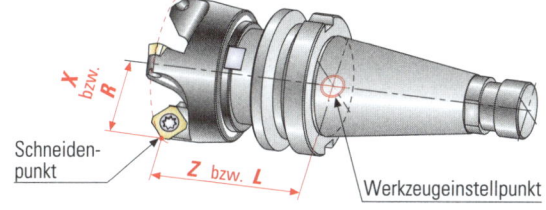

Schneidenpunkt

X bzw. R

Z bzw. L

Werkzeugeinstellpunkt

Werkzeugeinstellpunkt am Fräser

Merke

Die Fachkraft überträgt beim Einrichten der Maschine die gemessenen Werkzeuglängen in den

_____ der Steuerung.

---

[1] siehe dazu Download Abdeckplatte → Teileprogramm simulieren und optimieren

Arbeitsplan ergänzen

Im Arbeitsplan werden die Bearbeitungsfolge, die Werkzeuge mit ihrem Platz im Werkzeugspeicher und ihren technologischen Daten, wie Schnitt- und Einstellwerten, aufgeführt.

6. Ergänzen Sie die Vorlage des Arbeitsplans. Berücksichtigen Sie dabei, dass alle Fräsarbeiten im Gleichlauf erfolgen und die Werkzeug-Magazin-Plätze entsprechend der eingesetzten Maschine vergeben werden.

Arbeitsplan: Schieber									
Bearbeitungs-folge		**Werkzeuge**				**Schnitt- und Einstellwerte**			
Nr.	**Beschrei-bung**	**Nr.**	**MP**	**Beschreibung**		v_c (m/min)	n (1/min)	f_z/f (mm)	v_f (mm/min)	a_p (mm)
1	Oberseite fräsen			Messerkopf Hartmetall P25 $z = 6\, d = 63\,mm$	○					
2	Nut fräsen (1 Schnitt)			Schaftfräser (HSS beschichtet) $z = 4, d = 16\,mm$	○					
3	Durch-gangsloch anbohren			NC-Anbohrer (HSS beschichtet) $d = 10\,mm$	○					
4	Durch-gangsloch bohren			Spiralbohrer Typ N (HSS-beschichtet) $d = 8\,mm$	○					

(MP-Spalte: Magazinplatz entspr. der eingesetzten Maschine)

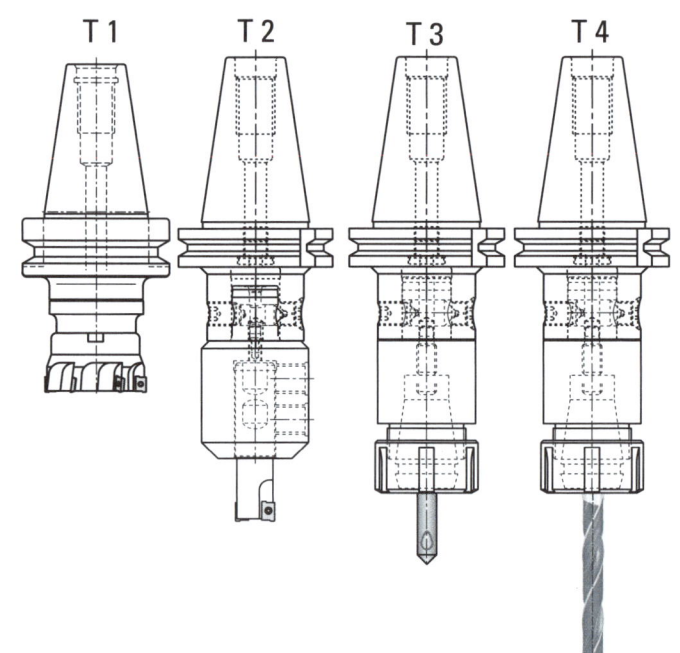

T 1   T 2   T 3   T 4

Fräswerkzeuge

Merke

Halbzeuge bestehen aus Werkstoffen, die im Fertigungsprozess zu Werkstücken weiterverarbeitet werden.
Sie unterscheiden sich stark in ihren Eigenschaften, wie Härte, Dichte, Zugfestigkeit und Zerspanbarkeit. Diese Eigenschaften haben direkten Einfluss auf die Größe der Schnitt- und Einstellwerte.

7. Nennen Sie fünf Größen, die direkten Einfluss auf die Schnittdaten haben.

Copyright Verlag Handwerk und Technik, Hamburg – handwerk-technik.de

Name:	Klasse:	Datum:	Seite:	**52**

Werkzeuge müssen bei CNC-Maschinen an einen Platz im Werkzeugmagazin gesetzt werden, damit die Programmierung eindeutig ist. Bei einer festen Platzcodierung muss das Werkzeug auch nach dem Wechsel wieder an den gleichen Magazinplatz zurückgesetzt werden, aus dem es vor dem Aufruf entnommen wurde.

8. Welchen Einfluss hat dies auf die Dauer des Bearbeitungsprozesses?

Merke

Bei der variablen Platzcodierung wird bei einem Werkzeugwechsel das alte Werkzeug an die Position des eingewechselten Werkzeugs im Magazin gesetzt. Somit muss die CNC-Steuerung die Verwaltung der Werkzeuge im Magazin übernehmen. Sie ordnet das Werkzeug einem Magazinplatz zu, der sich nach jedem Werkzeugwechsel ändern kann. Die Produktivität der Werkzeugmaschine steigt. Die variable Platzcodierung ist bei den heutigen CNC-Fräsmaschinen Standard.

9. Welche beiden grundlegenden Möglichkeiten bestehen bei der Bestückung der CNC-Maschine mit den Werkzeugen vor Beginn der Fertigung des ersten Werkstücks?

Verfahrwege skizzieren

Merke

Neben den technologischen Daten müssen für die CNC-Fertigung eines Werkstücks auch die geometrischen Daten ermittelt werden.

Die Abbildung zeigt die Bahn des Fräsermittelpunkts. Bewegungen im Eilgang (G0) sind mit roten Linien, Bewegungen mit Vorschubgeschwindigkeit (G1[1]) mit grünen Linien dargestellt. Der Durchmesser des Fräsers wurde so gewählt, dass die Radien der Nut dem Radius des Fräsers entsprechen und eine Verwendung der Wegbedingungen G2 oder G3 in diesem Beispiel nicht nötig ist.

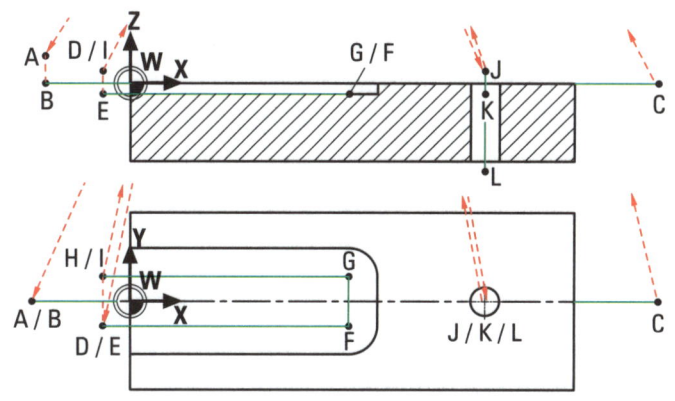

Verfahrweg des Fräsermittelpunkts

10. Ziehen Sie für die vier im Arbeitsplan auf Seite 52 vorgesehenen Werkzeuge die Verfahrwege mit verschiedenen Farben nach. Markieren Sie dazu im Arbeitsplan in Aufgabe 6 jedes Werkzeug mit einer anderen Farbe.

---

[1] Geradeninterpolation – Dabei bedeutet Interpolation, dass die Steuerung bei schrägen Geraden die Zwischenpunkte entsprechende dem Winkel exakt berechnet.

Copyright Verlag Handwerk und Technik, Hamburg – handwerk-technik.de

| Name: | Klasse: | Datum: | Seite: | **53** |

Koordinatentabelle erstellen

Copyright Verlag Handwerk und Technik, Hamburg – handwerk-technik.de

Merke

Das rechtwinklige Koordinatensystem[1] mit den drei Achsen X, Y und Z bildet die Grundlage für die Achsendefinitionen. Es ermöglicht so, die Lage eines jeden Punkts im Raum durch seine X-, Y- und Z-Koordinaten eindeutig zu bestimmen.

11. Bestimmen Sie im abgebildeten kartesischen Koordinatensystem die übrigen Achsen und ergänzen Sie die zugehörigen Drehrichtungen.

12. Nennen Sie die beiden Regeln, nach denen Sie die Bezeichnungen und Richtungen bestimmt haben.

Achsen:

Drehbewegungen:

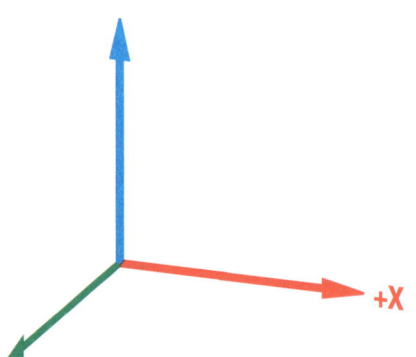

+X

kartesisches Koordinatensystem

13. Welche der drei in Aufgabe 11 genannten Achsen fällt mit der Lage der Arbeitsspindel einer CNC-Werkzeugmaschine zusammen und wie erfolgt die Zuordnung der Vorzeichen plus und minus?

14. Welche Konsequenz hat es, wenn die Fachkraft bei der Erstellung des Programms für ein Frästeil bei einer Z-Koordinate das Minus vergisst?

Merke

Bei der Programmierung von CNC-Maschinen wird prinzipiell davon ausgegangen, dass sich das Werkzeug relativ zum Werkstück bewegt.

Die Arbeitsbewegungen der Werkzeuge an CNC-Maschinen werden bei der Editierung der Teileprogramme als Verfahrwege festgelegt. Vor bzw. während der Programmierung ist es daher erforderlich die Konturpunkte in Abhängigkeit vom Werkstücknullpunkt zu bestimmen. Koordinatentabellen geben dabei die Werkzeugpositionen, Konturpunkte oder Mittelpunkte des Werkstücks an und erleichtern so das Erstellen des Teileprogramms.

Für individuelle Notizen

---

[1] siehe DIN 66217

15. Tragen Sie die Koordinaten für die Zielpunkte A bis L aus dem Bild zu Aufgabe 10 auf Seite 19 in die Tabelle ein.

	Fläche fräsen			Nut fräsen						An- und Aufbohren		
	A	B	C	D	E	F	G	H	I	J	K	L
X	–42	–42	167	–10								
Y												
Z	5			2						2	–3	–27
WWP: X300 Y100 Z300												

Koordinatentabelle Schieber

Teileprogramm editieren

Zum Erstellen und Editieren des Teileprogramms müssen der Programmaufbau und die Satzformate auf die jeweilige Steuerung abgestimmt werden[1].

Copyright Verlag Handwerk und Technik, Hamburg – handwerk-technik.de

Merke

Die gesamte Bearbeitung eines Werkstücks wird bei der Erstellung eines CNC-Programms[1] in Einzelschritte zerlegt. Das CNC-Programm muss alle Informationen beinhalten, die für die Bearbeitung des Werkstücks notwendig sind. Dazu gehören _____ und _____ Informationen sowie _____ (Schaltbefehle). Bei der Bearbeitung des Werkstücks werden die Sätze in ihrer Reihenfolge aus dem Programmspeicher gelesen und abgearbeitet, das heißt in Bewegungen umgesetzt.

16. Benennen Sie die einzelnen Teile eines Programmsatzes.

Die Satznummer bzw. das N-Wort wie z.B. N6 dienen zur Kennzeichnung der einzelnen Sätze. Die Steuerung arbeitet die Sätze in ihrer Reihenfolge ab. Es handelt sich somit bei der Satznummer lediglich um eine programmtechnische Information, die nicht bei allen Steuerungen erforderlich ist.

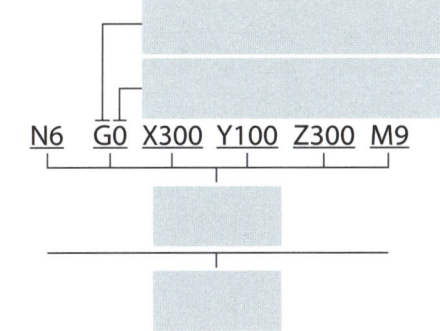

N6   G0   X300   Y100   Z300   M9

Merke

Kommentare werden in CNC-Programmen in Klammern gesetzt und von der Steuerung während der Bearbeitung überlesen. Bei PAL-Steuerungen werden die Kommentare durch ein Semikolon (;) gekennzeichnet und so von der Steuerung überlesen.

Aufgaben zum Aufbau von CNC-Programmen

SIEHE DOWNLOAD: PROJEKT 3, SEITE 55, AUFGABE 17.1 BIS 17.9

17. Bearbeiten Sie die Aufgaben zum Aufbau von CNC-Programmen von numerisch gesteuerten Werkzeugmaschinen.

---

[1] Die Programmierung hier orientiert sich an der PAL-Steuerung, die Elemente der verschiedenen Steuerungen beinhaltet.

[1] Die Programmierung kann manuell, werkstattorientiert oder über CAD-CAM erfolgen.

| Name: | | Klasse: | | Datum: | | Seite: | **55** |

18. Ergänzen Sie das Teileprogramm für den Schieber nach DIN 66025 und PAL zunächst ohne die Verwendung von Zyklen. Die Bearbeitung erfolgt auf einer Fräsmaschine mit Vertikalspindel, die einen automatischen Werkzeugwechsler besitzt.

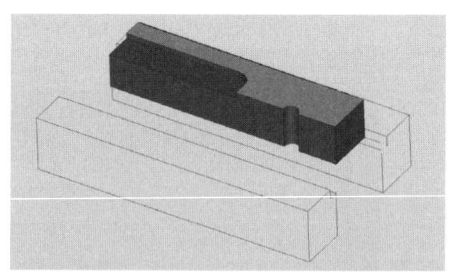

Schnittdarstellung Schieber

CNC-Programm (nach DIN 66025 und PAL)	ZP	Arbeitsablauf Schieber
		Absolute Nullpunktverschiebung (M → W) aus Werkstücknullpunktspeicher
		X-Y-Ebene (optional)
		Messerkopf 63 mm einwechseln
		Sicherheitsabstand, Spindel im Rechtslauf
	A	im Eilgang positionieren in X und Y, Kühlschmiermittel ein
	B	Positionieren in Z
	C	Planfräsen der Oberfläche mit Vorschub auf einer Geraden (B → C)
		Werkzeugwechsel: Schaftfräser 16 mm
		Sicherheitsabstand, Spindel rechts
	D	im Eilgang positionieren in X und Y, Kühlschmiermittel ein
	E	Positionieren in Z (Frästiefe)
	F	Fräsen mit Vorschub auf einer Geraden (E → F)
	G	Fräsen mit Vorschub auf einer Geraden (F → G)
	H	Fräsen mit Vorschub auf einer Geraden (G → H)
		Werkzeugwechsel: NC-Anbohrer 10 mm
		Sicherheitsabstand, Spindel im Rechtslauf
	J	im Eilgang positionieren in X und Y, Kühlschmiermittel ein
	K	Anbohren
	J	Sicherheitsabstand
		Werkzeugwechsel: Spiralbohrer 8 mm
		Sicherheitsabstand, Spindel im Rechtslauf
	J	im Eilgang positionieren in X und Y, Kühlschmiermittel ein
	L	Bohren
	J	Sicherheitsabstand
		Werkzeug entnehmen
		Nullpunktverschiebung aus (optional, siehe Aufgabe 19), Programmende

Copyright Verlag Handwerk und Technik, Hamburg – handwerk-technik.de

Bei CNC-Steuerungen sind verschiedene Funktionen mit Werten vorbelegt. Diese Werte werden beim Einschalten der Maschine aktiv und müssen daher nicht programmiert werden.

19. Geben Sie drei Beispiele für solch vorangestellten Funktionen.

20. Wenn eine Steuerung eine räumliche Positionierlogik hat, kann beispielsweise ein NC-Satz G0 X-42 Y0 Z5 zum Positionieren in einer Zeile geschrieben werden. Erklären Sie, welche Aufgabe die Positionierlogik einer CNC-Steuerung hat.

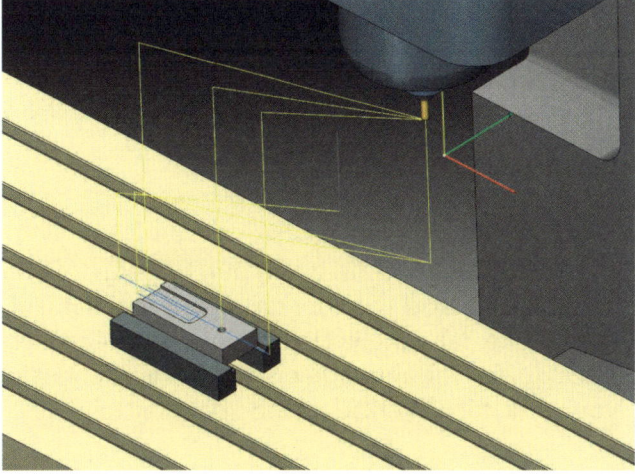

Verfahrwege aufgrund einer Positionierlogik

Merke

Die Wegbedingungen bzw. G-Wörter legen, zusammen mit den Wörtern für die Koordinaten, den geometrischen Teil des Programms, die S-Wörter und F-Wörter die technologischen Daten und die M[1]-Wörter die Zusatzfunktionen.
G-Funktionen wie z. B. G0, G1, G2 und G3, müssen nicht in jedem Satz erneut angegeben werden. Sie sind modal wirksam.

Bei einfachen Fräsarbeiten (z. B. Planfräsen) sowie beim Bohren, Reiben und Gewindeschneiden wird die Fräsermittelpunktbahn programmiert. Bei der Konturprogrammierung ist es jedoch nicht erforderlich, dass die Fräsermittelpunktbahn (Äquidistante) berechnet und programmiert wird. Diese Aufgabe übernimmt die Steuerung.

21. Welche Information braucht eine Steuerung bei der Konturprogrammierung, um die Äquidistante selbstständig zu berechnen?

---

[1] M (engl.) – **m**iscellaneous – verschiedenes

Copyright Verlag Handwerk und Technik, Hamburg – handwerk-technik.de

| Name: | Klasse: | Datum: | Seite: | **57** |

22. Auf welche Art und Weise erhält die Steuerung der CNC-Maschine diese Informationen? Vervollständigen Sie die Erklärung dazu.

Die Fachkraft schreibt das CNC-Programm, das die zu fräsende Konturelemente enthält. Sie gibt den

_____ beim Einrichten der Maschine in den _____ ein und

definiert die Lage des Verfahrweges und den Anfang bzw. das Ende der Konturprogrammierung über die

G-Funktionen _____ (_____ der Kontur, _____) und _____ (_____ der

Kontur, _____). G40 _____ die Konturprogrammierung.

Teileprogramm simulieren

Die Bewegungsabläufe, die durch das Teileprogramm festgelegt sind, können grafisch-dynamisch simuliert werden. Die Sicherheit bei der CNC-Fertigung wird dadurch erhöht.

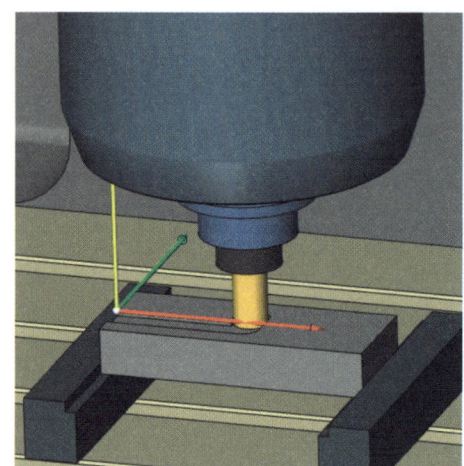

Simulation Schieber mit G54

> **Merke**
>
> Die Ausschussquote lässt sich durch die CNC-Simulation deutlich reduzieren. Dabei wird der gesamte Arbeitsablauf Schritt für Schritt dynamisch dargestellt. Die entstehenden Grafiken reichen von der Anzeige der Verfahrwege bis hin zur dreidimensionalen Darstellung von Werkstück, Werkzeug und Spannmittel.

Durch die Simulation lässt sich z. B. die Schnittaufteilung optimieren oder eine Werkzeugkollision rechtzeitig erkennen. Um Kollisionen mit dem Spannmittel beim Werkzeugwechsel zu verhindern, ist es ratsam, beim Anfahren und Abfahren vom Werkstück zwei Bewegungen in zwei Sätzen zu programmieren, anstatt alle drei Achsen gleichzeitig zu verfahren. Wenn die Steuerung eine Positionierlogik besitzt (siehe Aufgabe 20.), ist dies nicht nötig.

Teileprogramm optimieren

> **Merke**
>
> Im Hinblick auf eine spätere Serienfertigung erstellen Sie Prüfpläne, wählen Prüfmittel aus und bewerten die Prüfergebnisse. Auf dieser Grundlage optimieren Sie den Fertigungsprozess.

Dazu können nach der Fertigung des ersten Werkstücks, abhängig von der Maßgenauigkeit und Oberflächenbeschaffenheit, verschiedene Maßnahmen getroffen werden. Dabei geht es in erster Linie um die Verkürzung der Fertigungszeit bei gleichzeitiger Einhaltung der Produktqualität.

23. Nennen Sie drei Maßnahmen, die in diesem Zusammenhang zu einer Optimierung der CNC-Fertigung führen können.

Copyright Verlag Handwerk und Technik, Hamburg – handwerk-technik.de

24. Nennen Sie drei Möglichkeiten, die eine Fachkraft hat, um beim Schruppen ein Aufmaß für die anschließende Schlichtbearbeitung stehen zu lassen.

- Beim Schruppen werden keine Fertigmaße, sondern um das gewünschte Aufmaß

           programmiert.

- In das CNC-Programm wird das Aufmaß vor der Konturprogrammierung eingegeben, sodass Fertigmaße zu programmieren sind. Die Steuerung berücksichtigt diese Aufmaße

           .

- Der   und die   wird im

           um den Betrag des Aufmaßes vergrößert.

Programmanalyse

SIEHE DOWNLOAD: PROJEKT 3, SEITE 59, AUFGABE 25

25. Analysieren Sie das CNC-Programm und die Beschreibungen.

Abdeckplatte – Planungsunterlagen erstellen

SIEHE DOWNLOAD: PROJEKT 3, SEITE 59, AUFGABE 26.1 BIS 26.10

26. Erstellen Sie die Planungsunterlagen für die Abdeckplatte nach dem gleichen Ablaufplan wie beim Werkstück Schieber auf Seite 50 ff.

Für individuelle Notizen

Copyright Verlag Handwerk und Technik, Hamburg – handwerk-technik.de

CNC-Drehen

Bei Drehmaschinen verläuft nach DIN 66217 die positive X-Achse in Richtung zum Drehmeißel, die positive Z-Achse in der Werkstückachse in Richtung der Reitstockspitze. Auch hier kann mit der Rechte-Hand-Regel die Lage der Achsen zueinander eindeutig bestimmt werden (siehe Seite 54 Koordinatentabelle erstellen).

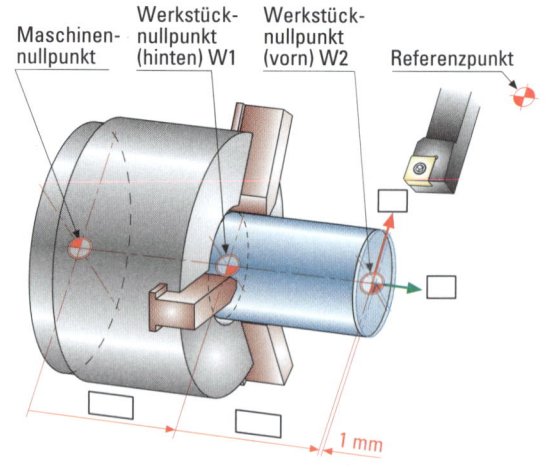

Nullpunkte und Nullpunktverschiebung beim Drehen

Merke

Die meisten CNC-Drehmaschinen sind als Schrägbettmaschinen ausgeführt, wobei die Werkzeuge hinter der Drehmitte liegen.

27. Tragen Sie die beiden Achsen +X und +Z in die Abbildung ein.

Der Referenzpunkt MR ist der Bezugspunkt des Wegmesssystems. Der Maschinennullpunkt M wird meist auf die Planfläche der Arbeitsspindel gelegt. Für verschiedenartige Spannmittel können über gespeicherte (G54) und additive programmierte (G59) Nullpunktverschiebungen die Werkstücknullpunkte W1 und W2 auf die linke bzw. rechte Stirnfläche des Werkstücks verschoben werden.

28. Tragen Sie die G-Funktionens G54 und G59 in die Abbildung ein.

Merke

Beim Drehen wird der Werkstücknullpunkt meist an die Stirnfläche des Bauteils gelegt, weil sich häufig die Maße in der Zeichnung auf diese Bezugsfläche beziehen. Die Stirnfläche wird beim Drehen meist zuerst geplant, sodass dadurch die Bezugsfläche entsteht. Ein weiterer Vorteil liegt darin, dass der Programmierer bei negativen Z-Werten erkennt, dass er sich im Werkstückbereich befindet. Dadurch besteht erhöhte Kollisionsgefahr. Wird das Minuszeichen bei der Programmierung versehentlich vergessen, fährt das Werkzeug vom Werkstück weg.

Teilzeichnung analysieren

29. Analysieren Sie zur Vorbereitung der Fertigung des Zentrierbolzens die Teilzeichnung und beantworten Sie die folgenden Fragen.

a) Geben Sie die Ausführung des Halbzeugs (blank oder warmgewalzt) und seine Toleranzklasse an.

b) Die Schnitt- und Einstellwerte und das Spannmittel werden entsprechend der Zugfestigkeit des Werkstoffs gewählt. Wie groß ist laut Tabellenbuch

Seite: die Zugfestigkeit des Werkstoffs 11SMnPb30?

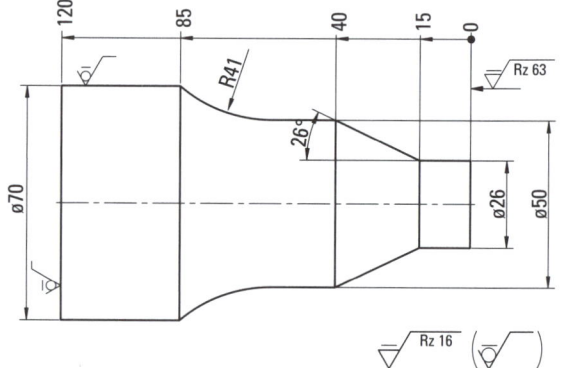

12	6	Zentrierbolzen	11SMnPb30	
Pos.	Menge	Benennung	Werkstoff	Halbzeug / Norm-Kurzbez.

Stellgetriebe   Allgemeintoleranz ISO 2768 - mk

Teilzeichnung Zentrierbolzen

Name:	Klasse:	Datum:	Seite:	**60**

Copyright Verlag Handwerk und Technik, Hamburg – handwerk-technik.de

c) Welche Werkstoffeigenschaft wird durch die Legierungselemente S und Pb erhöht (siehe Tabellenbuch

Seite: [   ])?

d) Welches Spannmittel ist zum Spannen des Rohlings für den Zentrierbolzen geeignet?

e) Welche Geometrieelemente verbleiben im Anlieferungszustand?

f) Welche Kenngrößen für die Oberflächenbeschaffenheit werden bei üblicher Fertigung erreicht durch

Längsdrehen? [   ]

Plandrehen? [   ] (siehe Tabellenbuch Seite: [   ])

Einrichteblatt ausfüllen

30. Tragen Sie den Maschinennullpunkt M und Werkstücknullpunkte W1 und W2 in Abbildung des Einrichteblatts ein.

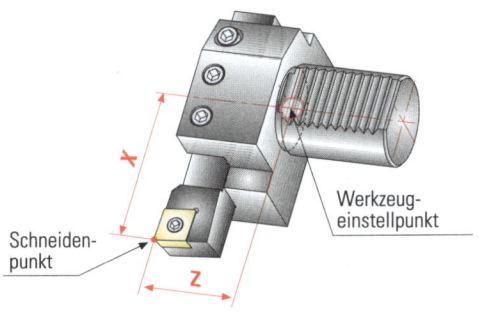

Werkzeugeinstellpunkt Drehwerkzeug

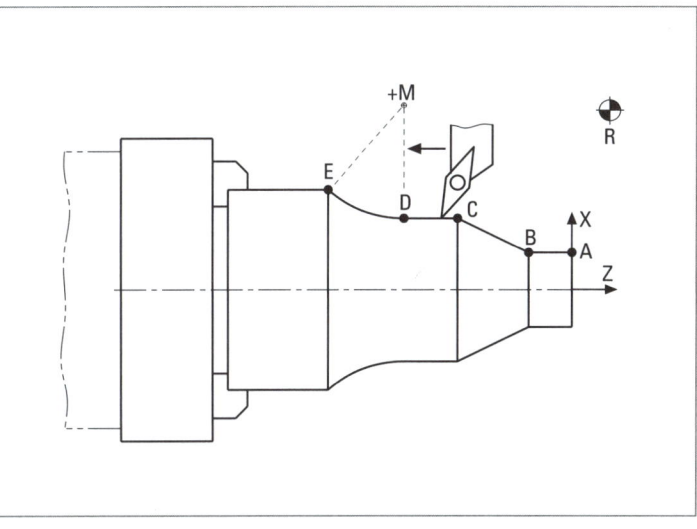

Einrichteblatt Zentrierbolzen

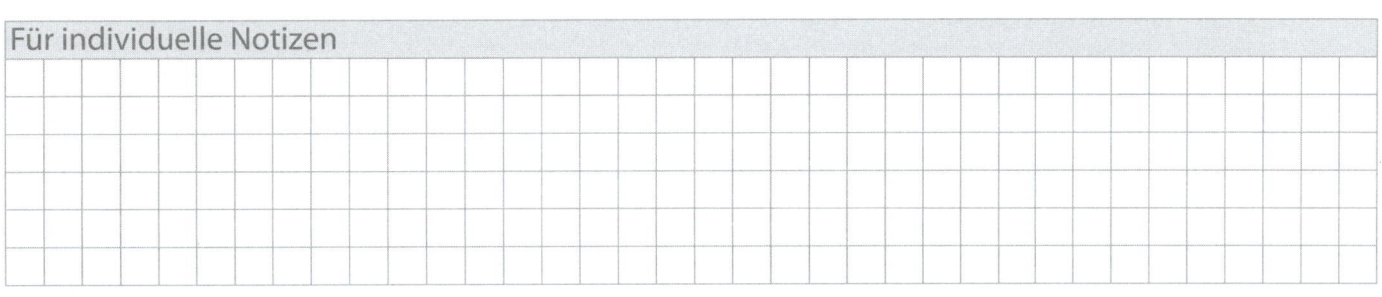

Für individuelle Notizen

| Name: | Klasse: | Datum: | Seite: **61** |

Copyright Verlag Handwerk und Technik, Hamburg – handwerk-technik.de

Bei Drehwerkzeugen sind die Werkzeuglängen in X- und Z-Achse, ausgehend vom Werkzeugeinstellpunkt, zu messen. Bei eingesetztem Werkzeug liegt der Werkzeugeinstellpunkt auf der Revolverstirnseite in der Mitte der Werkzeugaufnahme. Die Fachkraft überträgt beim Einrichten der Maschine die gemessenen Werkzeuglängen in den Werkzeugkorrekturspeicher der Steuerung, von wo sie dann später im CNC-Pogramm abgerufen werden können.

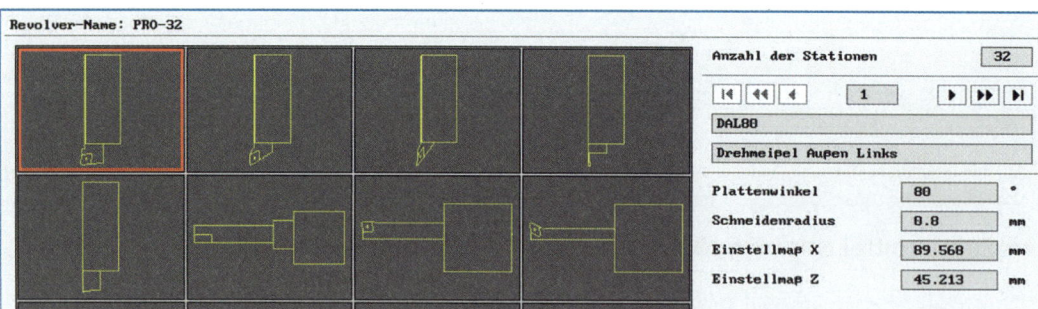

Werkzeugbelegung des Revolvers mit Korrekturwerten

Copyright Verlag Handwerk und Technik, Hamburg – handwerk-technik.de

Merke

Um die Lage des Werkstücks und die jeweilige Position des Werkzeugs im Koordinatensystem der CNC-Maschine bestimmen zu können, müssen entsprechend definierte Punkte an der Maschine bzw. in deren Arbeitsraum vorhanden sein. In Abhängigkeit von diesen Punkten kann dann z.B. die Werkzeugposition bestimmt und kontrolliert werden.

Geometrieelemente bestimmen

31. **a)** Aus welchen Geometrieelementen besteht die bearbeitete Kontur des Werkstücks (siehe Abbildung Einrichteblatt Zentrierbolzen Seite 61)? Nennen Sie dazu auch die Wegbedingungen nach DIN 66025.

W2 → A:

C → D:

A → B:

D → E:

B → C:

b) In welcher Art und Weise erfolgt der Übergang zwischen der Geraden CD und dem Kreisbogen DE? Woran ist dies zu erkennen?

c) Geben Sie die Bezugselemente für die Längenmaße und Durchmessermaße an.

Merke

Beim Drehen in der Z-X-Ebene werden durch die die Wegbedingungen G2 und G3 (Kreisinterpolation) die Lagen der Kreisbögen eindeutig, wenn zusätzlich durch die vorzeichenbehafteten Hilfsparameter [ ] und [ ] die Kreismittelpunkte in Bezug zum Startpunkt beschrieben werden.

| Name: | Klasse: | Datum: | Seite: | **62** |

Fehlende Koordinaten berechnen

32. Berechnen Sie für die Punkte C und D die fehlenden Z-Koordinaten Z_C und Z_D mit einer Winkelfunktion bzw. dem Satz des Pythagoras.

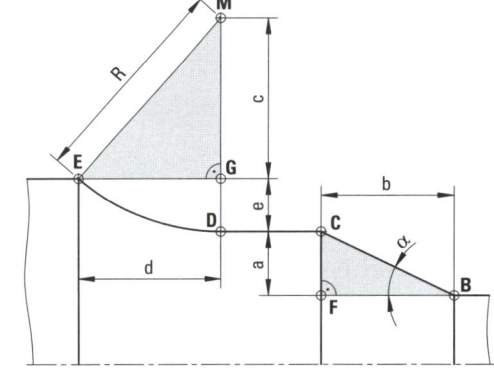

Berechnung der Z-Koordinaten

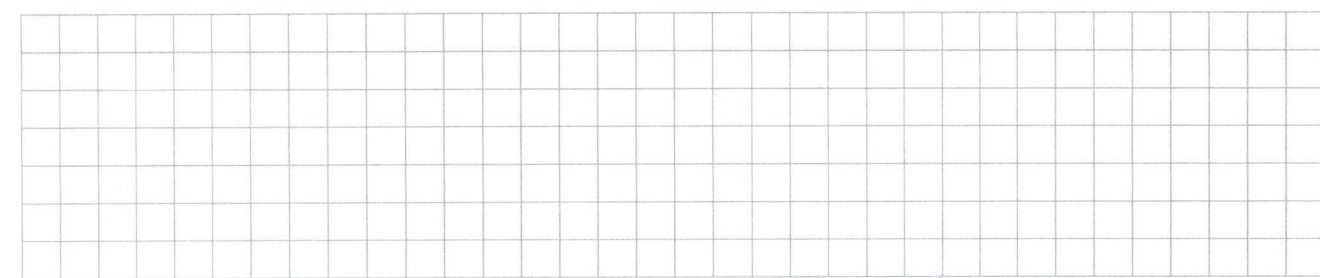

Arbeitsplan erstellen

33. Ergänzen Sie die den Arbeitsplan für den Zentrierbolzen.

Merke

An CNC-Drehmaschinen mit einer Antriebsspindel und einem Werkzeugrevolver kann das Werkzeug in der Z- und X-Achse verfahren. Die Bearbeitung geschieht somit lediglich in der ZX-Ebene. In der X-Achse erfolgt die Eingabe der Werte durchmesserbezogen, es wird also nicht der Radius als X-Wert definiert.

	T1	Schruppen der Absätze mit 0,5 mm Aufmaß
	R 0,8	im Durchmesser,
	$\kappa = 95°$	0,2 mm Aufmaß in axialer Richtung
	$\varepsilon = 80°$	$v_c = 220 \, m/min$
	P25	$f = 0,3 \, mm$
		$a_p = 4 \, mm$

	T2	Schlichten der ersten Seite
	R 0,8	$v_c = 250 \, min/min$
	$\kappa = 93°$	$f = 0,15 \, mm$
	$\varepsilon = 55°$	
	P25	

Werkzeuge

Arbeitsplan: Zentrierbolzen

Bearbeitungsfolge		Werkzeuge		Schnitt- und Einstellwerte			
Nr.	Beschreibung	Nr.	Beschreibung	v_c (m/min)	n (1/min)	f (mm)	a_p (mm)
1	Rechte Stirnfläche plandrehen	T1					
2	Mit Längsschruppzyklus vordrehen	T1					
3	Kontur fertigdrehen (Schlichten)	T2					

Name:	Klasse:	Datum:	Seite: **63**

Copyright Verlag Handwerk und Technik, Hamburg – handwerk-technik.de

Die Drehrichtung der Arbeitsspindel erfolgt im Uhrzeigersinn (M3), wenn sich bei Spindeldrehung eine rechtsgängige Schraube in das Werkstück ▭ würde. Bei Blickrichtung von der Arbeitspindel in Richtung Werkstück (Z+ Richtung), dreht sich das Werkstück dabei ▭.

Merke

Beim Plandrehen mit konstanter Schnittgeschwindigkeit (G ▭) wird der Drehmeißel durch eine Vorschubbewegung auf einer Geraden auf die Drehmitte zubewegt. Dabei steigt die Drehzahl bis auf die maximale Umdrehungsfrequenz der Arbeitsspindel. Dies führt zu sehr hohen ▭ . Ein zuverlässiges Spannen des Werkstücks ist nicht mehr möglich. Aus diesem Grund wird oftmals mit einer Drehzahlbegrenzung (G ▭) gearbeitet.

Fertigungsablauf planen

34. Bearbeiten Sie die Fragen im Zusammenhang mit der Planung der Fertigungsablaufs.

a) Warum genügt es, die rechte Stirnfläche nur vorzudrehen?

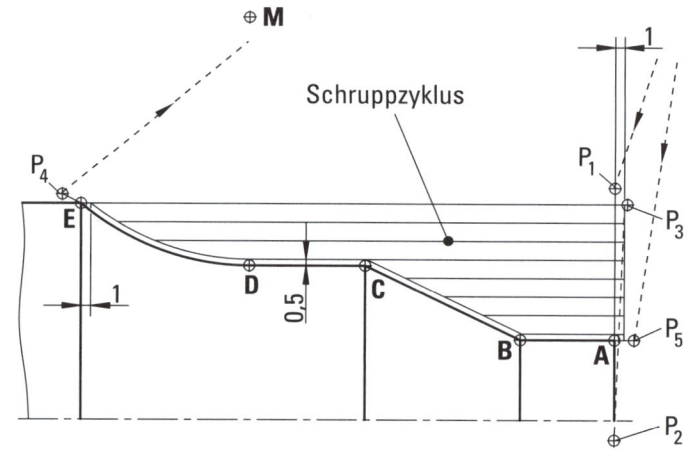

Schruppzyklus und Konturpunkte Zentrierbolzen

b) Das Werkstück kann etwas schief eingespannt sein.
Dadurch kann beim ersten Anfahren im Eilgang der Meißel mit dem Werkstück kollidieren. Wählen Sie einen geeigneten Anfahrpunkt für das Vordrehen, der dies vermeidet.

c) Wie kann erreicht werden, dass beim Querplandrehen kein Butzen an der rechten Planfläche verbleibt?

d) Aus welchem Grund ist beim Querplandrehen keine Bahnkorrektur nötig?

e) Warum ist bei Schruppzyklen keine Bahnkorrektur nötig?

Copyright Verlag Handwerk und Technik, Hamburg – handwerk-technik.de

| Name: | Klasse: | Datum: | Seite: | **64** |

Copyright Verlag Handwerk und Technik, Hamburg – handwerk-technik.de

---

Merke

Die von der Steuerung berechnete Äquidistante dient der Schneidenradienkompensation. Diese Berechnung ist nötig, da Werkezugschneiden keine Schneidenspitze, sondern einen Schneidenradius besitzt.

Die Äquidistante liegt in Bezug auf das Werkstück und mit Blickrichtung in Richtung des Vorschubs [   ] der Kontur (G41) bzw. [   ] der Kontur (G42). Der Abstand berechnet sich aus dem Schneidenradius, welcher für jedes Werkzeug zusammen mit der Lage der Schneide im [   ] abgelegt ist.

f) Aus welchem Grund haben Werkzeugschneiden einen Radius und keine Spitze?

g) Wie kann erreicht werden, dass beim Wegfahren von der Kontur der Punkt E richtig ausgebildet wird?

Koordinatentabelle ergänzen

35. Ergänzen Sie die Tabelle mit den Koordinaten der Punkte P_1 bis M und Tragen Sie die Punkte A bis E in die Abbildung ein.

	P_1	P_2	P_3	P_4	P_5	A	B	C	D	E	M	WWP
X						26						150
Z												150

Koordinatentabelle Zentrierbolzen

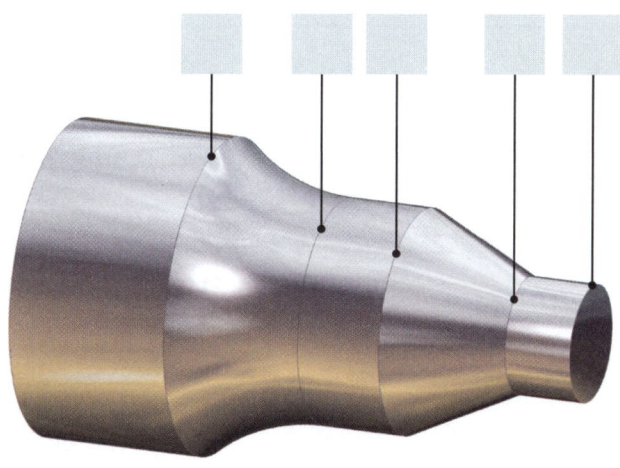

Zentrierbolzen

Teileprogramm editieren

36. Vervollständigen Sie das Teileprogramm für den Zentrierbolzen nach DIN 66025 und PAL.

CNC-Programm (nach DIN 66025 und PAL)	ZP	Arbeitsablauf Zentrierbolzen
		gespeicherte Nullpunktverschiebung
		additive Nullpunktverschiebung
		Drehzahlbegrenzung
		Werkzeugwechsel: Außenschruppdrehmeißel
	P1	Eilgang auf P1, Kühlschmiermittel ein
	P2	Plandrehen, verfahren auf Gerade mit programmiertem Vorschub auf P2
	P3	Eilgang auf Startpunkt zum Schruppen P3
		Längsschruppzyklus Aufmass konturparallel 0.5
	A	A, Beginn Konturbeschreibung
	B	B
	C	C
	D	D
	E	Kreisbogen G2, Radius 41
	P4	P4
		Ende Konturzyklus
		Anfahren des Werkzeugwechselpunktes, Kühlschmiermittel aus
		Werkzeugwechsel: Konturdrehmeißel
	P5	Eilgang auf Startpunkt Schlichten P5
		Werkzeugbahnkorrektur rechts
		Programmabschnittswiederholung (Kontur)
		Bahnkorrektur aufheben
		Anfahren des Werkzeugwechselpunktes
		Nullpunktverschiebung aus (optional), Programmende

Copyright Verlag Handwerk und Technik, Hamburg – handwerk-technik.de

| Name: | Klasse: | Datum: | Seite: | **66** |

37. Bearbeitungszyklen fassen mehrere Verfahrbewegungen in einem Programmsatz zusammen.
Nennen Sie drei Vorteile, die daraus entstehen.

Teileprogramm simulieren und optimieren

Bei der Simulation werden Programmierfehler, die zu Geometrie-
fehlern führen oder Kollisionen verursachen aufgedeckt.
Nach den ersten Teilen, die mit einem CNC-Programm bearbeitet
wurden oder für die Serienfertigung muss meist der Fertigungsprozess optimiert werden. Dabei geht es in erster Linie um die
Verkürzung der Fertigungszeit bei gleichzeitiger Einhaltung der
Produktqualität.

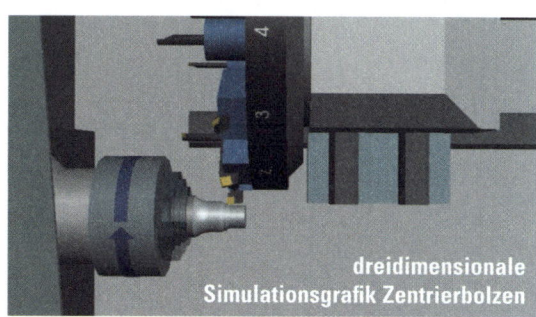

dreidimensionale Simulationsgrafik Zentrierbolzen

38. Für die Produktqualität ist ein kontrollierter Spanablauf von besonderer Bedeutung.
Welche Rolle spielt dabei das Spanbruchdiagramm?

39.

Bei der Spanbildung ist zu berück-sichtigen, dass …

eine Vergrößerung des Vorschubs f	eine Erhöhung der Schnitttiefe a_p
spezifische Schnitt-kräfte ergibt.	bewirkt die Bildung von Wirr- und Bandspänen.
Schneidkanten-belastung ergeben.	
eine Antriebsleistung der Werkzeugmaschine bedingen.	
die Bildung von Bruchspänen .	

Merke

Erwünscht sind kurze Spanformen, die gut von der Werkzeugschneide abgeführt werden können und nicht
sperrig sind. Optimal ist ein Span, der die Vorteile der Fließspanbildung besitzt und gleichzeitig in kurzen
Stücken vorliegt.

Dichtstück – Planungsunterlagen erstellen

SIEHE DOWNLOAD: PROJEKT 3, SEITE 67, AUFGABE 40.1 BIS 40.11

40. Erstellen Sie die Planungsunterlagen für das Dichtstück nach dem gleichen Ablaufplan wie beim Werkstück Schieber (siehe Seite 50) bzw. Zentrierbolzen (siehe Seite 60).

Copyright Verlag Handwerk und Technik, Hamburg – handwerk-technik.de

Flanschgetriebe

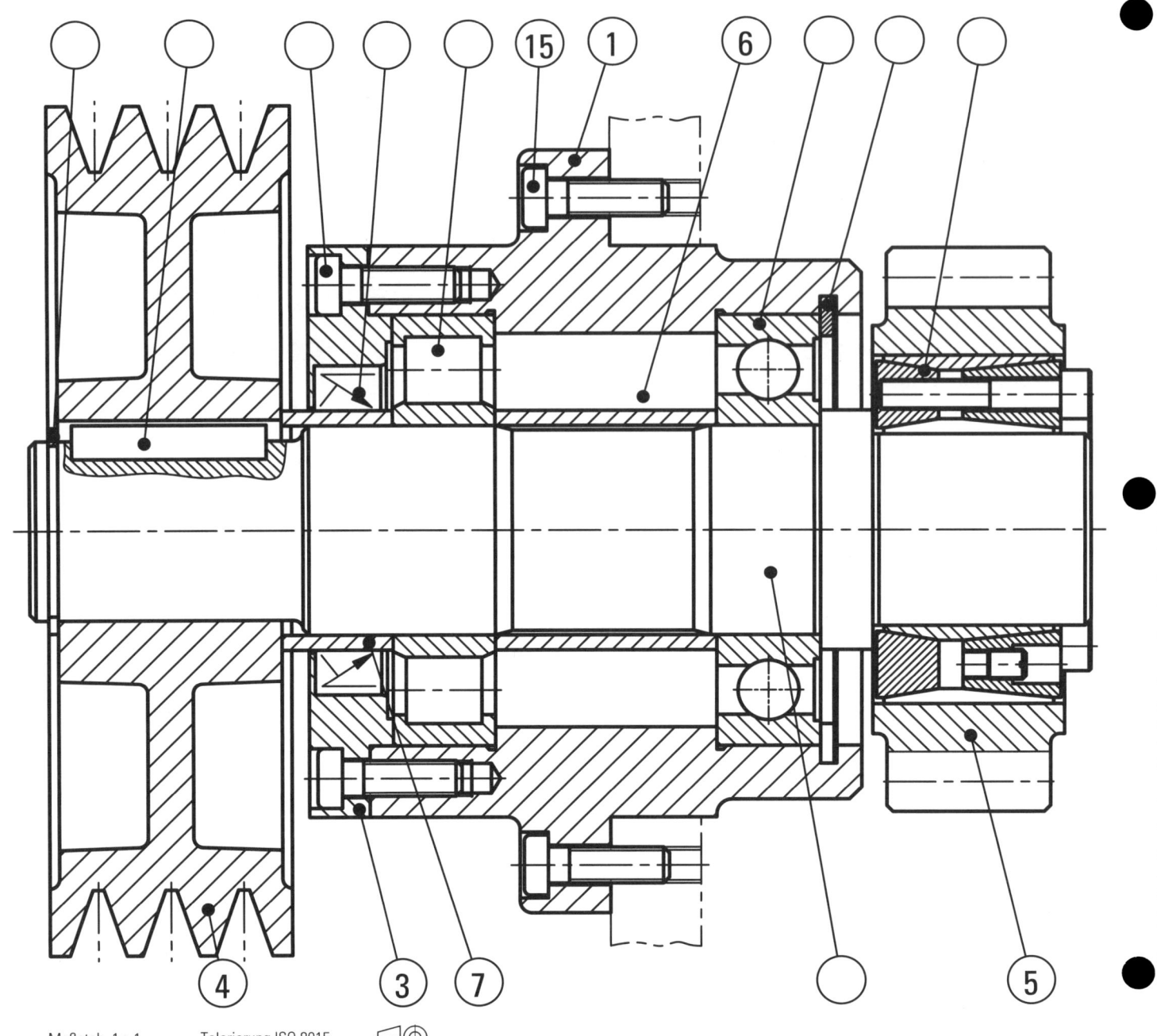

Maßstab 1 : 1   Tolerierung ISO 8015   ⊏⊕

Gesamtzeichnung Flanschgetriebe

Das Flanschgetriebe ist an das Gehäuse eines Förderbands geschraubt. Es wird von einem Elektromotor über Keilriemen angetrieben. Das Stirnrad (5) greift in ein innenverzahntes Zahnrad der Antriebsrolle des Förderbands ein. Riemen- und Zahnradtrieb ergeben eine Untersetzung.

Gesamtzeichnung und Stückliste

1. Legen Sie die Pos. 1 bis Pos. 5 verschiedenfarbig an.

2. Ergänzen Sie die Positionsnummern in der Gesamtzeichnung und in der Stückliste auf Seite 69.

Copyright Verlag Handwerk und Technik, Hamburg – handwerk-technik.de

Pos.	Menge	Benennung / Norm-Kurzbezeichnung	Werkstoff	Halbzeug / Bemerkung
16	1	Ringspannsatz		Kaufteil PSV032
15	6	Zylinderschraube ISO 4762 – M6x20	12.9	
14	6			
13	1			
12	1		C45+QT	
11	1			
10	1	Sicherungsring DIN 472 – 72x2,5	St	
9	1	Zylinderrollenlager DIN 5412 – NU207		
8	1	Rillenkugellager DIN 625 – 6207 RS1		
7	1	Hülse kurz	17Cr3	Kaufteil
6	1	Hülse lang	E335	Rohr EN 10305-1 – 40xD35x40
5	1	Stirnrad $m = 4$, $z = 21$	16MnCr	Rd EN 10278 –100x34
4	1	Keilriemenscheibe		Profil SPZ
3	1	Deckel	EN-GJL-150	
2	1	Welle	38CrS2	Rd EN 10278 – 40x178
1	1	Gehäuse	EN-GJL-200	
Pos.	Menge	Benennung / Norm-Kurzbezeichnung	Werkstoff	Halbzeug / Bemerkung

Stückliste Flanschgetriebe

Instandhaltung und Montage

Die Instandhaltung des Flanschgetriebes erfordert, dass ein damit beauftragter Mitarbeiter die Anlage nach einer Inspektions- und Wartungsliste überprüft und Wartungsaufgaben durchführt. Bei einer Instandsetzung muss der Mechaniker

- Ursachen von Störungen eingrenzen,
- systematisch demontieren und montieren,
- Richtlinien und Vorschriften des Herstellers für eine störungsfreie Funktion anwenden.

3. Vervollständigen Sie das Strukturbild für die Montage des Flanschgetriebes. Verwenden Sie dazu die Gesamtzeichnung auf Seite 68 und die Stückliste.

4. Geben Sie die für die Montage und Demontage nötigen Hilfsmittel an.

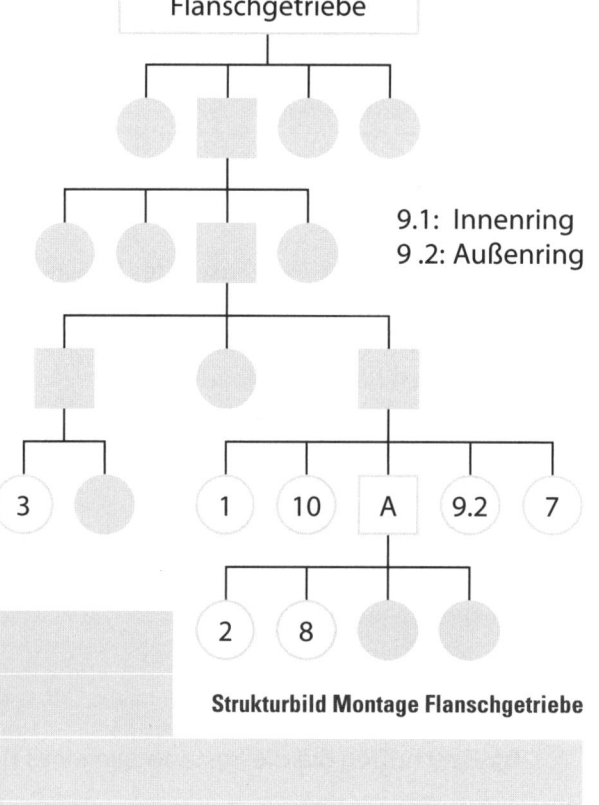

9.1: Innenring
9.2: Außenring

Strukturbild Montage Flanschgetriebe

Copyright Verlag Handwerk und Technik, Hamburg – handwerk-technik.de

Name:	Klasse:	Datum:	Seite: **69**

5. Benennen Sie die Verschleißteile des Flanschgetriebes.

-
-

6. Ergänzen Sie die Wartungs- und Inspektionsliste des Getriebes.

Wartungs- und Inspektionsliste: **Flanschgetriebe**		Prüfgeräte, Betriebs- und Hilfsstoff	Häufigkeit					Hersteller: GT Ulm ... Modell: SK 63
Nr.	**Auszuführende Arbeiten**		w	m	6m	a	2a	**Bemerkungen**
1	Elektromotor							
1.1	Lagertemperatur prüfen				X			max. 60 °C
1.2	Zustand der Kohlebürsten prüfen					X		Arbeitsstillstand
2	Keilriementrieb							
2.1	Zustand der Riemen prüfen							
2.2	Riemen gegeben falls nach-spannen							
3	Lagerung							
3.1	Temperatur, Geräusche prüfen							
3.2	Lager und RWDR austauschen							
4	Zahnradantrieb							
4.1	Ölstand prüfen							
4.2	Öl wechseln							

Dichtungen

7. Erläutern Sie den Austausch des Radial-Wellendichtrings (Pos. 13).

a) Erläutern Sie die Angabe AS40x55x8 für den Radial-Wellendichtring.

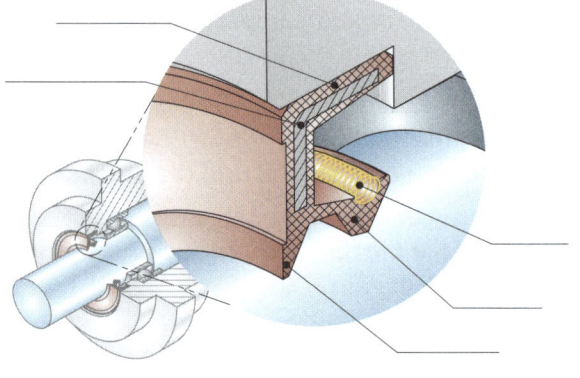

Radial Wellendichtring

b) Beschriften Sie die Bestandteile eines Radial-Wellendichtrings.

Copyright Verlag Handwerk und Technik, Hamburg – handwerk-technik.de

c) An der Welle tritt Lecköl aus. Der Radial-Wellendichtring ist deshalb auszutauschen. Geben Sie die Positionsnummern der Teile an, die zu demontieren sind.

d) Warum soll der Radial-Wellendichtring in den Deckel mithilfe einer mechanischen oder hydraulischen Vorrichtung eingepresst werden?

e) Wellendichtringe sind mit der Dichtlippe entsprechend der Zeichnungsangaben einzubauen. Warum ist bei dem Flanschgetriebe die Dichtlippe nach innen gerichtet?

f) Beim Anfahren des Getriebes darf die Kontaktzone zwischen Dichtung und Welle nicht trocken laufen. Durch welche Maßnahmen kann dies erreicht werden?

g) Die kurze Hülse (Pos. 7) zeigt auf der Lauffläche des Radial-Wellendichtrings Riefenbildung. Vorrätig ist nur eine lange Hülse (Pos. 6). Es wird vorgeschlagen, eine lange Hülse zu kürzen und damit die kurze

Hülse zu ersetzen. Ermitteln Sie mithilfe des Tabellenbuchs Seite:　　　　die für die Welle geforderte Härte HRC.

h) Nach Herstellerangaben des Radial-Wellendichtrings, soll die Härte der Lauffläche mindestens 45 HRC und ab einer Umfangsgeschwindigkeit von 4 m/s sogar 55 HRC betragen. Welche Härte ist für die Hülse (Pos. 7) bei einer Drehfrequenz von 500 1/min erforderlich?

Copyright Verlag Handwerk und Technik, Hamburg – handwerk-technik.de

i) Wäre für die Fertigung einer Ersatzhülse (Pos. 7) der Werkstoff E335 ausreichend? Informieren Sie sich dazu in DIN EN ISO 18265.

Copyright Verlag Handwerk und Technik, Hamburg – handwerk-technik.de

Merke

Radial-Wellendichtringe werden zur dynamischen Abdichtung der Durchgangsstellen zwischen umlaufenden (z. B. einer Welle) und feststehenden Maschinenteilen (z. B. einem Gehäuse) eingesetzt. Die Dichtkante an der Dichtlippe und die Gegenlauffläche auf der Welle bilden den wichtigsten Funktionsbereich von Radial-Wellendichtringen. Die Welle hat dafür eine Oberflächenrauigkeit von ≤ Ra 1 aufzuweisen und muss im Dichtungsbereich drallfrei geschliffen sein, um Beschädigungen der Dichtung zu vermeiden. Bei der Auswahl von Ersatzdichtungen ist grundsätzlich darauf zu achten, dass Ausführung und Werkstoff der Originaldichtung entsprechen oder diese qualitativ übertreffen.

Wälzlager

Die üblichen Wälzlager sind genormte Präzisionsbauteile. Sie erfüllen ihre Aufgabe nur dann störungsfrei, wenn sie richtig angeordnet und sorgfältig montiert werden. Bei den Wälz- und Gleitlagern gibt es viele unterschiedliche Ausführungen, wodurch sich Überschneidungen in der Anwendung ergeben.

8. **a)** Kreuzen Sie in der linken Spalte an, welche Anforderungen durch Wälzlager erfüllt werden können.

☐ hohe Tragfähigkeit bei geringen Drehzahlen ☐

☐ geringer Geräuschpegel ☐

☐ verschleißfreier Dauerbetrieb bei hohen Drehzahlen ☐

☐ stoßartige Belastung ☐

☐ starke Durchbiegung bei Achse bzw. Welle ☐

☐ einfache Austauschbarkeit bei Verschleiß ☐

b) Kreuzen Sie in der rechten Spalte an, welche zwei Eigenschaften der Wälzlager bei diesem Flanschgetriebe im Vordergrund stehen?

9. Das Bauteil Pos. 2 des Flanschgetriebes wird als *Welle* bezeichnet. Aus welchem Grund wäre die Bezeichnung *Achse* oder *Bolzen* nicht zutreffend?

Name:	Klasse:	Datum:	Seite:	**72**

Bezeichnung und Aufbau von Wälzlagern

10. Erläutern Sie die Bezeichnungen der beiden Wälzlager Pos. 8 und Pos. 9 mithilfe des Tabellenbuchs

Seite   .

	Rillenkugellager DIN 625 – 6207 RS1	Zylinderrollenlager DIN 5412-NU207
Lagerart / Tab. S.	Rillenkugellager	
DIN-Nummer		
Vorsetzzeichen (optional)		
Basiszeichen		
Nachsetzzeichen (optional)		–

11. Beschriften Sie die einzelnen Bauteile des Rillenkugellagers Pos. 8.

Merke

Wälzlager ermöglichen eine relative Drehbewegung von zwei Bauteilen wie z. B. einer Welle und einem Gehäuse. Dies geschieht präzise und bei minimaler Reibung, da die Rollreibung zweier gehärteter Stahlflächen zueinander sehr gering ist ($\mu_R = 0{,}005$).

Komponenten eines Rillenkugellagers

12. Bis zu welcher Temperatur können Wälzlager problemlos betrieben werden?

Copyright Verlag Handwerk und Technik, Hamburg – handwerk-technik.de

| Name: | Klasse: | Datum: | Seite: **73** |

Anordnung von Wälzlagern

Die Abbildungen 1 bis 3 zeigen verschiedene Anordnungen beim Einbau von Wälzlagern; Abbildung 1 zeigt eine Fest-/Loslagerung und entspricht der Anordnung im Flanschgetriebe. Das Rillenkugellager führt die Welle als *Festlager* in zwei axialen Richtungen. Das Zylinderrollenlager erlaubt eine axiale Verschiebung zwischen Innenring und Rollen, es ist ein *Loslager*.

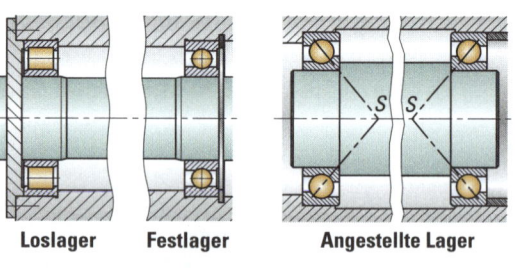

Loslager   Festlager   Angestellte Lager

13. Wodurch kann eine solche axiale Verschiebung entstehen? Erläutern Sie, welche Rolle dabei das Loslager spielt und kennzeichnen Sie in der Gesamtzeichnung des Getriebes auf Seite 68 die Stelle, an der die axiale Verschiebung ersichtlich wird.

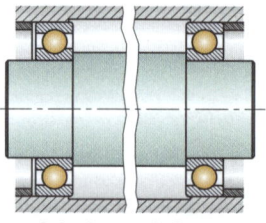

Schwimmende Lager

Anordnung
von Wälzlagern

Abbildung 2 zeigt eine angestellte Lagerung. Angestellte Lagerungen bieten die Möglichkeiten einer genauen Einstellung des Lagerspiels oder einer Vorspannung. Die Lagerungstoleranzen werden meist so gewählt, dass sie bei Betriebstemperatur das erforderliche Lagerspiel aufweisen. Diese Wellenlagerung ist für ständig

wechselnde Betriebstemperaturen   .

14. Benennen und beschreiben Sie die Art der angestellten Lagerung in Abbildung 2 und erläutern Sie, welchen Einfluss eine Erwärmung der Welle auf das Lagerspiel hat.

15. Beschreiben Sie eine weitere Art der angestellten Lagerung und skizzieren sie den Verlauf der Drucklinien und Lage der Außen- und Innenringe der Schrägkugellager.

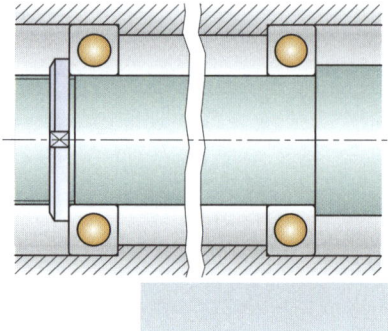

von Wälzlagern

| Name: | Klasse: | Datum: | Seite: | **74** |

Copyright Verlag Handwerk und Technik, Hamburg – handwerk-technik.de

Copyright Verlag Handwerk und Technik, Hamburg – handwerk-technik.de

> **Merke**
>
> Die schwimmende Lagerung in Abbildung 3 auf Seite 74 ist eine wirtschaftliche Lösung für Lagerungen, die keine enge axiale Führung benötigen. Die Welle kann sich bei dieser Lagerungsart axial verschieben. Die von den Lagern aufgenommen axialen Kräfte werden an das Gehäuse weitergeleitet.

Damit ein Wälzlager die volle Lebensdauer erreicht, sollen die Lagerringe festsitzen. Einer der beiden Ringe kann jedoch aus Gründen der einfacheren Montage oder wegen der Funktion auch lose sitzen. Welcher Ring eines Wälzlagers mit einer festen bzw. losen Passung zu montieren ist, hängt von den Umlaufverhältnisse ab.

16.

a) Beschreiben Sie, an welchem Ring der Lager (Pos. 8 und Pos. 9) des Flanschgetriebes welcher Belastungsfall vorliegt.

b) Kreuzen Sie an, welche Art von Passung die jeweiligen Ringe der Wälzlager des Flanschgetriebes erhalten müssen.

Innenring	Außenring
☐ feste Passung	☐ lose Passung
☐ lose Passung	☐ Außenring

c) Bestimmen Sie mithilfe des Tabellenbuchs und unter Berücksichtigung der gegebenen Lastverhältnisse die Toleranzklassen für die Welle Pos. 2 und das Gehäuse Pos. 1.

Tabellenbuch Seite ☐ : Welle: ☐ oder ☐ Gehäuse ☐

d) Auf welchen Ring ist bei der Montage des Rillenkugellagers (Pos. 8) die Montagehülse aufzusetzen?

> **Merke**
>
> Da es sich bei Wälzlagern (hier Pos. 8 und Pos. 9) systemtechnisch jeweils um ein Bauteil handelt, bekommen der Innen- und Außenring im Einbauzustand eine gleichsinnige Schraffur. Für geteilte Lager ist eine gegensinnig verlaufende Schraffur möglich (z. B. Kegelrollenlager).

Montage von Wälzlagern

17.

a) Aus welchem Grund ist die Montage von Zylinderrollenlagern der Bauart NU einfacher als die von Radialrillenkugellagern?

18. Welche Werkzeuge sind erforderlich, wenn die Lager mechanisch ausgebaut werden?

Name:	Klasse:	Datum:	Seite:	**75**

> **Merke**
>
> Bei der Montage von Wälzlagern dürfen keine Verunreinigungen in die Lager gelangen. Verunreinigungen innerhalb von Wälzlagern setzen deren Lebensdauer erheblich herab. Die Montagekräfte dürfen nicht über die Wälzkörper geleitet werden.

19. Nennen Sie vier Maßnahmen, die für die Montage von Wälzlagern zu beachten sind.

Wälzlager mit üblichem Festsitz können bis zu einem Bohrungsdurchmesser von 80 mm bei Raumtemperatur auf Lagersitze gepresst werden. Für die Montage größeren Wälzlagern kann eine Erwärmung des Lagers vorgeschrieben sein. Dabei werden die Montagetemperaturen der Lager vom Lagerhersteller vorgegeben. Die Erwärmung der Wälzlager kann mithilfe von induktiven Anwärmgeräten, Heizplatten, Wärmeschränke oder Ölbäder erfolgen.

20. **a)** Welche Lagerarten können nicht im Ölbad erwärmt werden?

b) Wie hoch dürfen Wälzlager im Ölbad erwärmt werden?

Metall dehnt sich bei Erwärmung aus. Der Längenausdehnungskoeffizient α (Tabellenbuch Seite   )

drückt aus, um wieviel sich ein Körper je Längeneinheit bei einer Temperaturdifferenz von 1 K ausdehnt.

c) Ein Wälzlager DIN 625-6020 soll in einem Ölbad von 20 °C auf 80 °C erwärmt werden. Um wie viel µm vergrößert sich der Innendurchmesser des Lagers? Der Längenausdehnungskoeffizient α des Stahls beträgt 0,000012 / K. (Annahme: Der Nenndurchmesser ist der tatsächliche Durchmesser).

Copyright Verlag Handwerk und Technik, Hamburg – handwerk-technik.de

Schmierung von Wälzlagern

21. **a)** Für das Flanschgetriebe ist der Schmierstoff CL 100 (DIN 51517) vorgesehen. Erläutern Sie diese Angabe.

C: 100:

L:

b) Ermitteln Sie mithilfe des Tabellenbuchs das Sinnbild für das Schmieröl CL 100

Tabellenbuch Seite:

22. Nennen Sie drei Aufgaben, die das Schmieröl in Bezug auf die Wälzlager des Flanschgetriebes erfüllen muss.

23. Laut Hersteller des Flanschgetriebes ist der Stand des Schmieröls monatlich zu prüfen (siehe Seite 70 Aufgabe 6). Zeichnen Sie in das nebenstehende Bild den richtigen Ölstand ein und erläutern Sie dies.

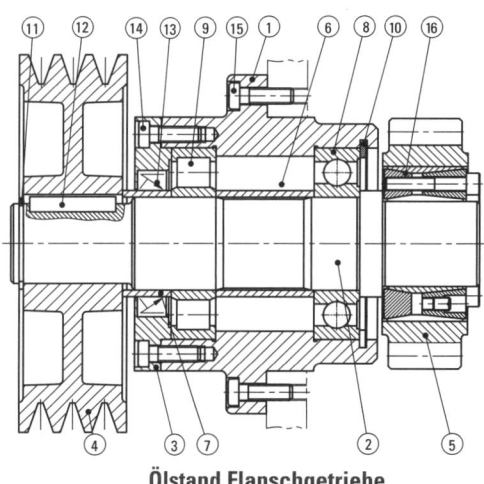

Ölstand Flanschgetriebe

24. Der Ringkanal der Hydraulikmutter hat die Durchmesser $D = 70$ mm und $d = 50$ mm. Im Ringkanal herrscht ein Druck $p_e = 50$ bar. Wie groß ist die Druckkraft bei einem Wirkungsgrad von 82 %?

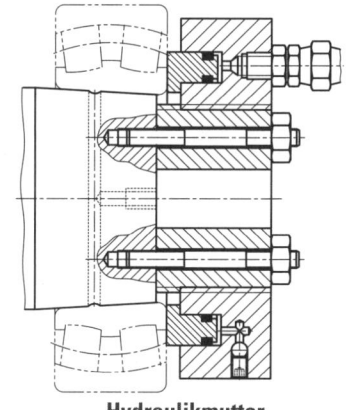

Hydraulikmutter

Copyright Verlag Handwerk und Technik, Hamburg – handwerk-technik.de

| Name: | Klasse: | Datum: | Seite: | **77** |

Merke

Werden Wälzlager nach der Demontage nicht wiederverwendet, so werden sie zerlegt. Fett, Dichtungen und Kunststoffteile werden vorschriftsmäßig entsorgt und die Lagerringe, Wälzkörper und Käfige dem Recycling zugeführt.

Passfedern

Passfedern sind im allgemeinen Maschinenbau häufig verwendete Verbindungsmittel zur Übertragung von Drehmomenten zwischen Wellen und Naben. Eine solche formschlüssige Verbindung erfüllt alle wesentlichen Anforderungen, die bei dem Flanschgetriebe zum Antrieb eines Förderbandes notwendig sind.

Bei der Übertragung eines gleichbleibenden (statischen) Drehmoments wird die Passfeder meist mit einem leichten Sitz eingebaut. Bei wechselnden, stoßartigen Drehmomenten ist ein fester Sitz zu verwenden.

25. Tragen Sie in die drei Abbildungen die entsprechenden Passungen und Toleranzfelder mithilfe des Tabellenbuchs Seite _____ ein. Ergänzen Sie dazugehörigen Tabellen (Passfeder Toleranzklasse h9).

leichter Sitz

Wellen-nut		Pass-feder
	+40	
	+20	
	0 µm	
	−20	
	−40	
	−60	

		Wellennut	Passfeder
	Maßangabe in mm		8 h9
A	**oberes unteres Grenzabmaß**		
	Höchstmaß		
	Mindestmaß		
	Maßtoleranz		
B	**Höchstspiel P_{SH}**		
	Höchstübermaß $P_{ÜH}$		
	Passungsart		

fester Sitz

Wellen-nut		Pass-feder
	+40	
	+20	
	0 µm	
	−20	
	−40	
	−60	

		Wellennut	Passfeder
	Maßangabe in mm		8 h9
A	**oberes unteres Grenzabmaß**		
	Höchstmaß		
	Mindestmaß		
	Maßtoleranz		
B	**Höchstspiel P_{SH}**		
	Höchstübermaß $P_{ÜH}$		
	Passungsart		

Copyright Verlag Handwerk und Technik, Hamburg – handwerk-technik.de

leichter Sitz

Wellen-nut		Pass-feder
	+40	
	+20	
	0 µm	
	−20	
	−40	
	−60	

8 /h9

		Wellennut	Passfeder
	Maßangabe in mm		8 h9
A	oberes unteres Grenzabmaß		
	Höchstmaß		
	Mindestmaß		
	Maßtoleranz		
B	Höchstspiel P_{SH}		
	Höchstübermaß $P_{ÜH}$		
	Passungsart		

26. Im Beispiel erhält die Wellennut die Toleranz P9 und die Nabennut der Keilriemenscheibe die Toleranz JS9. Was bedeutet dies für die Montage dieser Verbindung?

Das Drehmoment und damit der Kraftfluss wird von der Welle über die Passfeder auf die Riemenscheibe übertragen. Der Kraftfluss versucht dabei, sein Ziel auf dem kürzesten Weg zu erreichen.

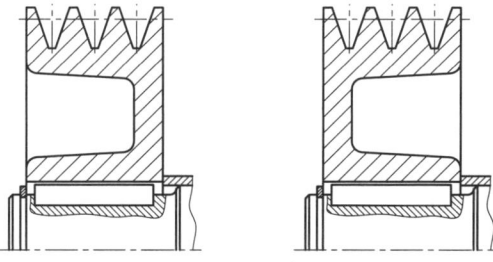

Kraftfluss in Keilriemenscheibe

27.
a) Tragen Sie den Kraftfluss mit mehreren Pfeillinien in die Abbildung ein.
b) Begründen Sie, welche der beiden Darstellungen die richtige Montage der Riemenscheibe zeigt.

28. Entschlüsseln Sie die Werkstoffbezeichnung der Passfeder (Pos. 12)

C45+QT:

Copyright Verlag Handwerk und Technik, Hamburg – handwerk-technik.de

| Name: | Klasse: | Datum: | Seite: **79** |

29. Durch die Passfeder soll ein Drehmoment von $M = 40\,\text{N} \cdot \text{m}$ übertragen werden.

a) Mit welcher Umfangskraft F_u wird das Drehmoment übertragen?

b) Wie groß ist die Flächenpressung p zwischen der Wellennut und der Passfeder? Für die tragende Fläche A ist anzusetzen: $A = 0{,}45 \cdot h \cdot (l - b)$

c) Warum ist als tragende Länge nicht die Gesamtlänge l zu verrechnen?

d) Wie groß ist nach DIN 6885 die Längentoleranz für die Passfeder (Pos. 12) und die Wellennut?

Passfeder: Wellennut:

30. Bestimmen Sie die Betriebsmittelhauptnutzungszeit t_h für die Fertigung der Wellennut.
Die Wellennut wird mit einem unbeschichteten Nutenfräser aus HSS mit drei Schneiden gefräst.

Die Drehzahl n ist mithilfe eines Drehzahldiagramms (Tabellenbuch Seite   ) zu ermitteln.

Schnittdaten: Vorschub je Schneide $f_z = 0{,}05\,\text{mm}$; Schnittgeschwindigkeit $v_c = 30\,\text{m/min}$;
Anzahl der Schnitte $i = 2$

Merke

Passfederverbindungen gehören zu den   Welle-Nabe-Verbindungen.

Die Passfeder ermöglicht eine formschlüssige Übertragung des Drehmoments. Sie wird dabei auf Flächenpressung sowie auf Abscherung beansprucht.

Neben den formschlüssigen Welle-Nabe-Verbindungen gibt es auch   Verbindungen.

Dazu zählen beispielsweise Keilverbindungen, Pressverbindungen und Verbindungen durch Spannelemente (siehe Ringspannsatz Aufgabe 35).

Aufgaben zur Keilriemenscheibe (Pos. 4) bearbeiten

SIEHE DOWNLOAD: PROJEKT 4, SEITE 80, AUFGABE 31.1 BIS 31.5

31. Bearbeiten Sie die Aufgaben zur Keilriemenscheibe (Pos. 4).

Name:	Klasse:	Datum:	Seite:	**80**

Copyright Verlag Handwerk und Technik, Hamburg – handwerk-technik.de

Angaben der Teilzeichnung der Welle (Pos. 2) erläutern und ergänzen

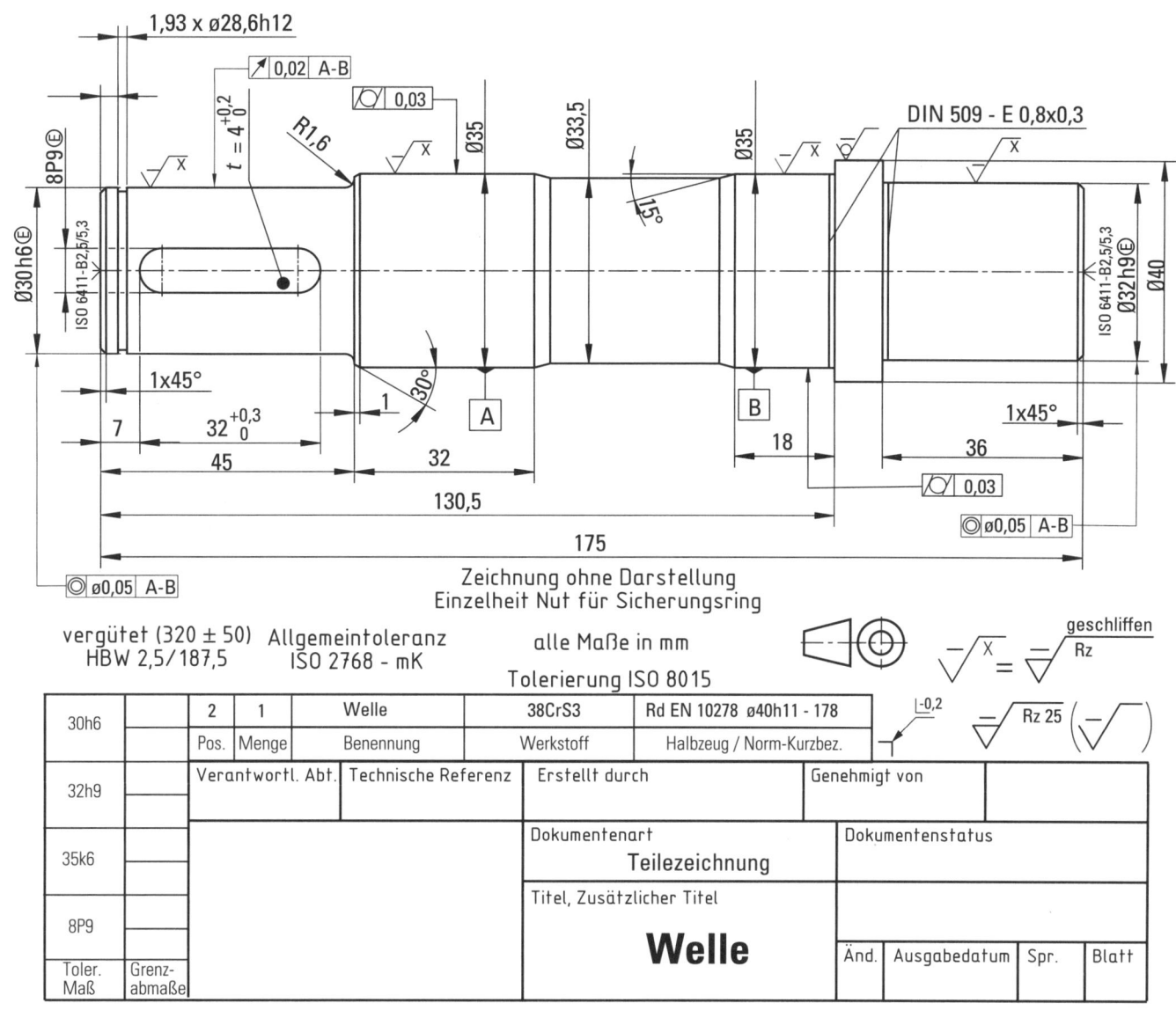

32. **a)** Geben Sie die Grenzmaße für die Gesamtlänge 175 an.

Höchstmaß: Mindestmaß:

b) Tragen Sie die Grenzabmaße für die ISO-Toleranzangaben in das Schriftfeld ein.

c) Bestimmen Sie die Kenngröße Rz, die bei üblicher Fertigung durch Rund-Längsschleifen erreicht wird und tragen Sie einen geeigneten Wert für die Rauheit der Lagersitze in die Zeichnung ein.

Tabellenbuch Seite   :   → gewählt

d) Ermitteln Sie mithilfe des Tabellenbuchs die empfohlene Kenngröße Rz beim Toleranzgrad 6 und dem Nennmaß 35

Tabellenbuch Seite   :

e) Geben Sie für die Welle die Kenngröße Rz bei Flächen ohne Eintrag der Oberflächenbeschaffenheit an.

f) Ergänzen Sie in der Zeichnung das Mindestmaß für den Abstand der Ringnut für den Sicherungsring (Pos. 11) zur Stirnseite.

Copyright Verlag Handwerk und Technik, Hamburg – handwerk-technik.de

| Name: | Klasse: | Datum: | Seite: | **81** |

g) Bestimmen Sie die Toleranzklasse für die Lagersitze der Welle (Pos. 2) und tragen Sie diese in die Zeichnung ein.

Lagerart	Punktlast	Umfangslast	Grundabmaße	Toleranzklasse
Rillenkugellager (Pos. 8)				
Zylinderrollenlager (Pos. 9)				

h) Nennen Sie die Eigenschaft, die bei der Lagetoleranz nach ISO 1101 erfasst ist.

Tabellenbuch Seite ☐ : ☐

i) Erläutern Sie die folgenden Angaben der Teilzeichnung:

• Eintrag zu den Werkstückkanten

Tabellenbuch Seite ☐ :

• 1,6 H13 x 28,6

Tabellenbuch Seite ☐ :

• ISO 6411 – B2,5/5,3

Tabellenbuch Seite ☐ :

• DIN 509 – E0,8x0,3

Tabellenbuch Seite ☐ :

• vergütet $\left(320\,{+50 \atop 0}\right)$ HBW 2,5/187,5

Tabellenbuch Seite ☐ :

Copyright Verlag Handwerk und Technik, Hamburg – handwerk-technik.de

Name:	Klasse:	Datum:	Seite:	**82**

Aufgaben zu Formelementen und Oberflächensymbolen

SIEHE DOWNLOAD: PROJEKT 4, SEITE 83, AUFGABE 33.1 BIS 33.5

33. Bearbeiten Sie die Aufgaben zu den genormten Formelementen und Oberflächensymbolen.

34. Erstellen Sie für den Deckel (Pos. 3) eine Teilzeichnung.

Aufgaben zum Ringspannsatz (Pos. 16) bearbeiten

SIEHE DOWNLOAD: PROJEKT 4, SEITE 83, AUFGABE 35.1 BIS 35.11

35. Bearbeiten Sie die Aufgaben zum Ringspannsatz (Pos. 16).

Copyright Verlag Handwerk und Technik, Hamburg – handwerk-technik.de

| Name: | Klasse: | Datum: | Seite: | **83** |

Pneumatische Einscheibenkupplung

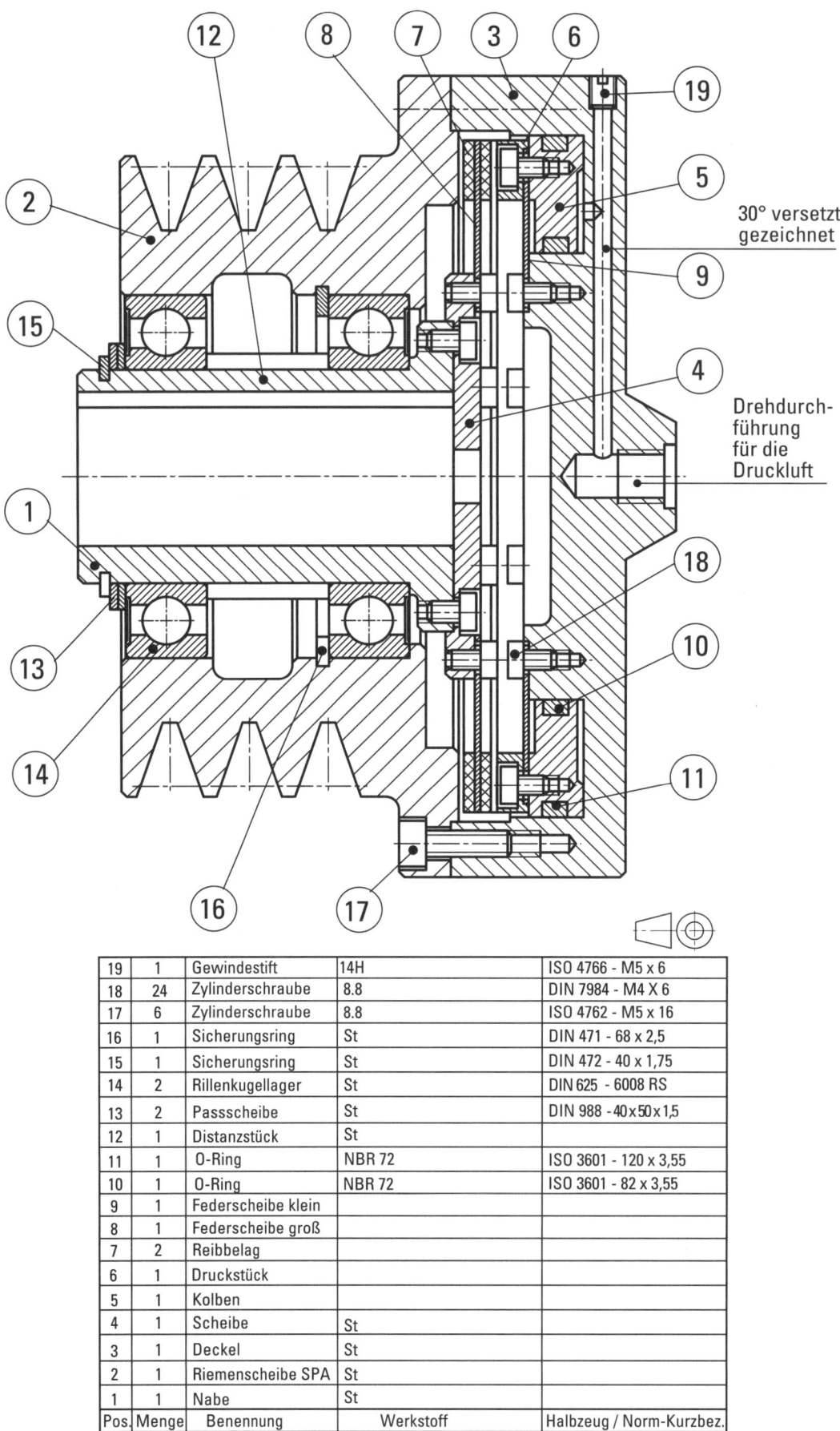

30° versetzt
gezeichnet

Drehdurch-
führung
für die
Druckluft

Pos.	Menge	Benennung	Werkstoff	Halbzeug / Norm-Kurzbez.
19	1	Gewindestift	14H	ISO 4766 - M5 x 6
18	24	Zylinderschraube	8.8	DIN 7984 - M4 X 6
17	6	Zylinderschraube	8.8	ISO 4762 - M5 x 16
16	1	Sicherungsring	St	DIN 471 - 68 x 2,5
15	1	Sicherungsring	St	DIN 472 - 40 x 1,75
14	2	Rillenkugellager	St	DIN 625 - 6008 RS
13	2	Passscheibe	St	DIN 988 - 40 x 50 x 1,5
12	1	Distanzstück	St	
11	1	O-Ring	NBR 72	ISO 3601 - 120 x 3,55
10	1	O-Ring	NBR 72	ISO 3601 - 82 x 3,55
9	1	Federscheibe klein		
8	1	Federscheibe groß		
7	2	Reibbelag		
6	1	Druckstück		
5	1	Kolben		
4	1	Scheibe	St	
3	1	Deckel	St	
2	1	Riemenscheibe SPA	St	
1	1	Nabe	St	

Pneumatishe Einscheibenkupplung Maßstab 1 : 1 Tolerierung ISO 8015

Gesamtzeichnung Pneumatische Einscheibenkupplung

Name:	Klasse:	Datum:	Seite:	**84**

Copyright Verlag Handwerk und Technik, Hamburg – handwerk-technik.de

Gesamtzeichnung und Stückliste

Bearbeiten Sie die Gesamtzeichnung auf Seite 84 mit eigenen Aufgabenstellungen. In der folgenden Tabelle finden Sie einige Anregungen, die Sie auch ergänzen können. Dokumentieren und präsentieren Sie Ihre Ergebnisse.

Technische Kommunikation	Fertigungstechnik	Technische Mathematik
☐ Funktionsbeschreibung	☐ Verbindungstechniken	☐ Kräfte
☐ Gesamtzeichnung	☐ Kraftfluss	☐ Leistung
☐ Stückliste	☐ Fertigungstechniken	☐ Reibung
☐ Normteile	☐ Werkzeuge	☐ Flächenpressung
☐ Bauteile	☐ Fertigungspläne	☐
☐ Teilzeichnungen	☐ Funktion	☐
☐ Toleranzen	☐ Wartung	
☐ Oberflächenbeschaffenheit	☐ Kosten	
☐	☐ Arbeitssicherheit	
☐	☐ Umweltschutz	

Kupplungen

Beantworten Sie zu dem Themenbereich *Kupplungen* die folgenden Fragen.

1. Welche Aufgaben erfüllen Kupplungen?

2. Durch welche Maßnahmen lässt sich das übertragbare Drehmoment von Reibkupplungen erhöhen?

3. Welchen Vorteil haben elektrisch oder pneumatisch/hydraulisch betätigte Kupplungen in der Automatisierung?

4. Welche Aufgabe erfüllen Sicherheitskupplungen?

Copyright Verlag Handwerk und Technik, Hamburg – handwerk-technik.de

| Name: | Klasse: | Datum: | Seite: | **85** |

Drosselrückschlagventil

In pneumatischen und hydraulischen Anlagen wie z.B. der Montagevorrichtung Seite 91 benötigt man Drossel-rückschlagventile, um damit die Kolbengeschwindigkeit des Antriebglieds einzustellen.

Gesamtzeichnung und Funktion

1. Legen Sie die Bauteile Pos. 1 bis Pos. 4 in der Gesamtzeichnung verschiedenfarbig an.

2. Das Gehäuse (Pos. 1) hat zwei Anschlussgewinde (A und B) nach DIN EN 10226-1. Geben Sie die Kurzbezeichnung an und erläutern Sie diese Angabe.

Tabellenbuch Seite _____ : Gewindebezeichnung: _____ Ist das Gewinde dichtend? ☐ ja ☐ nein

Kerndurchmesser D_1 = _____ Steigung P = _____

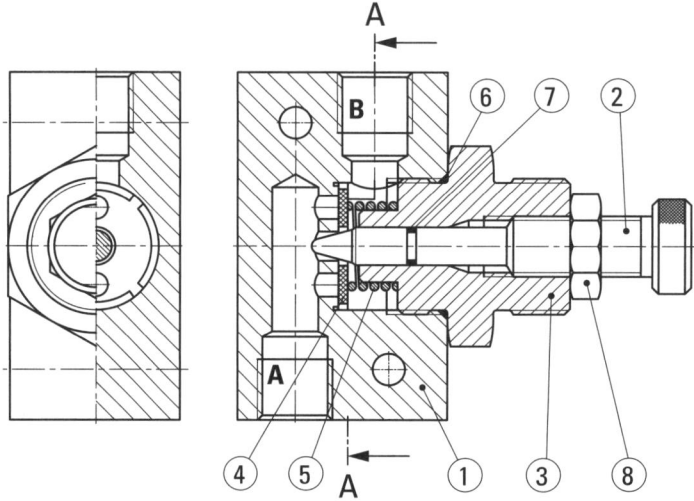

8	1	Sechskantmutter	5.8	ISO 4035 - M16
7	1	O-Ring	NBR 72	ISO 3601 - 7,1x1,8
6	1	O-Ring	NBR 72	ISO 3601 - 31,5x2,65
5	1	Druckfeder	8	DIN - 1,6x22x20
4	1	Sperrkörper	PTFE	Kaufteil
3	1	Aufnahme	EN AW - AlCu4PbMgT4	Rd EN 754-6 - 46 x 57
2	1	Stellschraube	EN AW - AlCu4PbMgT4	Rd EN 754-3 - 25x112
1	1	Gehäuse	EN AW - AlCu4Mg1T6	Fl EN 765-5 - 55 x 45 x 92
Pos.	Menge	Benennung	Werkstoff	Halbzeug / Norm-Kurzbez.

Drosselrückschlagventil   Maßstab 1 : 2   Tolerierung ISO 8015

Gesamtzeichnung Drosselrückschlagventil

3. Aus welchem Grund hat die Verschraubung der Aufnahme (Pos. 3) mit dem Gehäuse (Pos. 1) ein Feingewinde?

4. Welchen Zweck hat das freie Außengewinde bei der Aufnahme (Pos. 3)?

Copyright Verlag Handwerk und Technik, Hamburg – handwerk-technik.de

Name:	Klasse:	Datum:	Seite: **86**

5. Welche Aufgabe hat die Sechskantmutter (Pos. 8)?

6. Die Sechskantmutter (Pos. 8) ist als niedrige Form ausgeführt. Begründen Sie diese Wahl.

7. Wozu dienen die beiden Bohrungen Ø 6,6H13 in dem Gehäuse (Pos. 1) und woran ist zu erkennen, dass sie durchgehend sind?

8. Woran ist bei der Darstellung des Sperrkörpers (Pos. 4) zu erkennen, dass er nicht aus Metall ist?

Werkstoffbezeichnungen und Eigenschaften

Das Drosselrückschlagventil (Seite 86) besteht aus unterschiedlichen Werkstoffen. Aufgrund der besonderen Eigenschaften wie Gießbarkeit, Korrosionsbeständigkeit, Dichte usw. werden im Maschinenbau und in der Feinwerktechnik häufig Nichteisenmetalle und ihre Legierungen verwendet. Die Werkstoffbezeichnung von Nichteisenmetallen erfolgt entweder numerisch oder durch chemische Symbole.

Beispiel: EN   AW   –   Al Mg Si   T6

Europäische Norm	Kennbuchstabe für NE-Metall	Kennbuchstabe für Verarbeitung	Bezeichnungs-system	Werkstoffzustand je für
EN	A: Aluminium C: Kupfer M: Magnesium Z: Zink	W: Knetlegierung (engl. wrought) C: Gusslegierung (engl. casting)	numerisch oder mit chemischen Symbolen	Al Cu Mg

9. Ordnen Sie die verschiedenen Bauteile des Drosselrückschlagventils den drei Gruppen für das Recycling zu.

Stahl	Nichteisenmetalle	Nichtmetalle

Name:	Klasse:	Datum:	Seite:	**87**

Copyright Verlag Handwerk und Technik, Hamburg – handwerk-technik.de

Aluminium-Knetlegierungen

10. Beantworten Sie die folgenden Kurzfragen zu Aluminium-Knetlegierungen.

a) Nennen Sie die Fertigungsverfahren für die Halbzeuge der Bauteile.	Pos. 1 EN 755-5: _____ Pos. 2 EN 754-3: _____
b) Zu welcher Gruppe von Legierungen gehören die Werkstoffe von Pos. 1 bis 3 entsprechend der Verarbeitung zum Halbzeug?	
c) Geben Sie die Werkstoffnummer für Pos. 3 an.	
d) Ermitteln Sie für den Werkstoff des Gehäuses (Pos. 1) die mechanischen Kennwerte.	Zugfestigkeit: _____ Dehngrenze: _____ Bruchdehnung: _____
e) Geben Sie die Werte für die genannten Verfahrensschritte beim Aushärten von EN AW-2017 an.	Lösungsglühen: _____ Abschrecken: _____ Bruchdehnung: _____ erreichte Festigkeit: _____
f) Erläutern Sie die Werkstoffbezeichnungen zu Pos. 1 und Pos. 2.	EN AW – AlCu4Mg1 T6 EN AW – AlCu4PbMg T4

Für individuelle Notizen

Copyright Verlag Handwerk und Technik, Hamburg – handwerk-technik.de

Aluminium-Gusslegierungen

Gehäuse von Ventilen werden in großer Stückzahl benötigt. Komplizierte Formen können vorteilhaft durch Gießen hergestellt werden.

11. Beantworten Sie die folgenden Kurzfragen zu Aluminium-Gusslegierungen.

a) Bestimmen Sie mithilfe des Tabellenbuchs Seite [ ] eine Legierung für Kokillenguss, im Gusszustand belassen.	Kurzzeichen: _____ Werkstoffnummer: _____
b) Erläutern Sie die Kurzbezeichnung des gewählten Werkstoffs.	
c) Welches Legierungselement begünstigt die Gießbarkeit?	

12. Aluminium wird nach der Gebrauchsdauer häufig durch Recycling wiederverwendet. Nennen Sie dafür Gründe.

Nichtmetallische Werkstoffe

13. Erläutern Sie die Werkstoffbezeichnung von Pos. 4 und Pos. 6.

PTFE: _____   NBR: _____

Für individuelle Notizen

Copyright Verlag Handwerk und Technik, Hamburg – handwerk-technik.de

Eigenschaften von Werkstoffen

14. Stellen Sie die notwendigen Eigenschaften für die abgebildeten Teile fest und geben Sie geeignete Werkstoffe an.

Abbildung	Werkstoffeigenschaften	Werkstoffkurzeichen / -nummer
Pneumatik-Steuerkolben		
Gehäuse Wasserventil		
Gehäuse Pneumatik Ventil		

Teilzeichnung der Stellschraube (Pos. 2) ergänzen

SIEHE DOWNLOAD: PROJEKT 5, SEITE 90, AUFGABE 15.

15. Ergänzen Sie die Teilzeichnung der Stellschraube (Pos. 2) unter Berücksichtigung der Vorgaben.

Teilzeichnung der Aufnahme (Pos. 3) ergänzen und Aufgaben bearbeiten

SIEHE DOWNLOAD: PROJEKT 5, SEITE 90, AUFGABE 16.1 BIS 16.2

16. Ergänzen Sie die Teilzeichnung für die Aufnahme (Pos. 3) unter Berücksichtigung der Vorgaben und bearbeiten Sie die Aufgaben.

Copyright Verlag Handwerk und Technik, Hamburg – handwerk-technik.de

Name:	Klasse:	Datum:	Seite:	**90**

Pneumatik

Bei der Montagevorrichtung werden Blechwinkel gespannt und anschließend Lager eingepresst. Spann- und Einpresszylinder werden pneumatisch betätigt. Im Folgenden wird die pneumatische Steuerung dieser Vorrichtung schrittweise bis zu einer elektropneumatischen Ablaufsteuerung optimiert.

Schemadarstellung und Schaltplan

Schematische Darstellungen sind für im Zeichnungslesen ungeübte Personen geeignet. Komplexere Anlagen und technische Unterlagen werden für Fachkräfte in Schaltplänen nach ISO 1219 dargestellt und die Bauelemente nach EN 81346[1] bezeichnet.

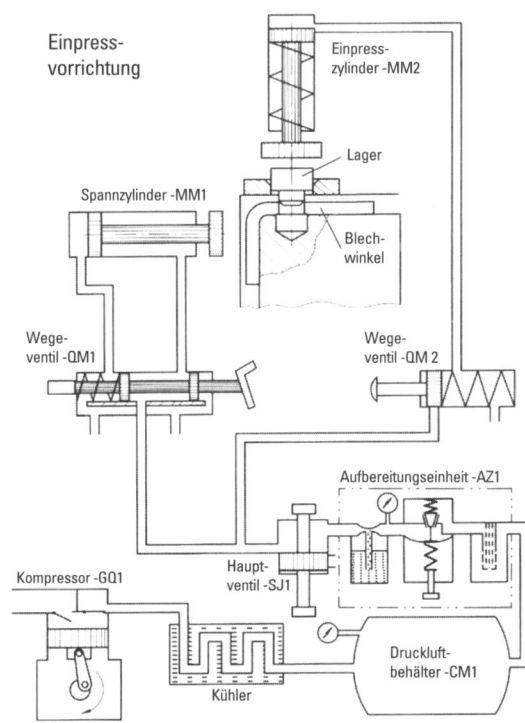

schematische Darstellung Montagevorrichtung

Informationen aus Plänen entnehmen

1. Legen Sie den Blechwinkel und das Lager in der Schemadarstellung verschiedenfarbig an.

2. Kennzeichnen Sie die unter Druck stehenden Leitungen und Bauteile z. B. dunkelblau und die drucklosen Teile z. B. hellblau.

3. Welche Komponenten gehören zu der Aufbereitungseinheit?

4. Welche Bauteile sind davor dargestellt?

5. Welche Nummern haben die Anschlüsse für die

- Druckversorgung
- Arbeitsleitungen
- Entlüftungsleitungen
- Steuerleitungen

Pneumatikplan ergänzen

6. Ermitteln Sie mithilfe des Tabellenbuchs Seite ___ die Kennzeichnung der folgenden Bauteile.

Zylinder	-MM	Anzeigeinstrument	
Kompressor		Positionsschalter	
Wegeventil		Rückschlagventil	
Drosselventil		Drosselrückschlagventil	
Taster (elektr.)		Handbetätigtes Ventil	
Aufbereitungseinheit		Relais	
Ventilblock		Betätigungsspule an Ventil	

[1] DIN EN 81346-2 Klassifizierung von Objekten und Kennbuchstaben von Klassen

Copyright Verlag Handwerk und Technik, Hamburg – handwerk-technik.de

Name:	Klasse:	Datum:	Seite: **91**

7. Ergänzen Sie im Pneumatikplan die Bezeichnung der Bauteile, die Schaltzeichen und sonstige Angaben.

Funktion beschreiben

8. Vervollständigen Sie die Funktionsbeschreibung der Einpressvorrichtung.

Schritt 1: Die Anlage wurde einsatzbereit gemacht,

indem das Hauptventil [____] in Stellung [____] gebracht wurde.

Schritt 2: Nun wird ein Blechwinkel und ein Lager in die Vorrichtung einlegen.

Schritt 3: Das Stellglied [____] wird durch Betäti-

gen des Pedals von Stellung [____] in Stellung [____]

gebracht und gehalten. Daraufhin fährt der Spann-

zylinder [____] aus und [____] das Blechteil.

Schritt 4: Das Stellglied [____] wird von Hand be-

tätigt und in Stellung [____] gehalten. Daraufhin fährt der

Einpresszylinder [____] aus und presst das Lager ein.

Schritt 5: Wird das Stellglied [____] losgelassen, drückt

die Feder das Stellglied in Schaltstellung [____] und der Ein-

presszylinder [____] fährt ein.

Schritt 6: Wird das Stellglied [____] freigegeben, drückt die Feder das Stellglied in Schaltstellung [____]

und der Spannzylinder [____] fährt [____].

Schritt 7: Das Werkstück ist entspannt und kann von Hand der Vorrichtung entnommen werden. Die Vorrichtung ist wieder startbereit.

Pneumatikplan – direkte Ansteuerung

Technische Daten der Pneumatikzylinder:

Spannzylinder Ø40 mm, Kolbenstange Ø16 mm
Einpresszylinder Ø50 mm, Kolbenstange Ø20 mm
Wirkungsgrad η = 0,88
Druck im Betriebsnetz p_e = 6 bar

Druckkraft und Druckluftverbrauch berechnen

9. Berechnen und bestimmen Sie

a) die Druckkraft F_{Spann} des Spannzylinders.

b) die Druckkraft F_{Press} des Einpresszylinders.

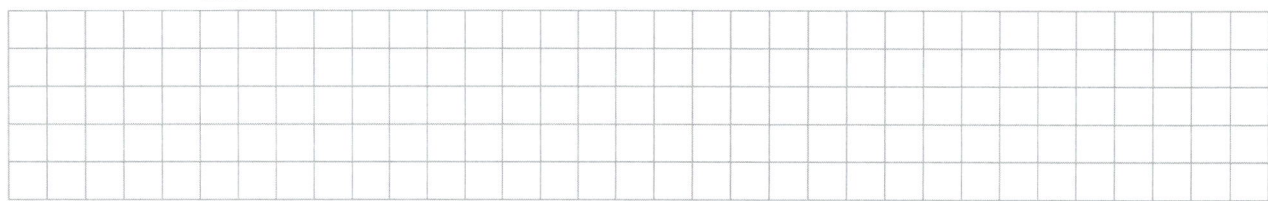

Copyright Verlag Handwerk und Technik, Hamburg – handwerk-technik.de

| Name: | Klasse: | Datum: | Seite: | **92** |

c) den Luftverbrauch $\dot{V}_{Spann}$ und $\dot{V}_{Press}$ bei den einzelnen Zylindern für $n = 600$ Hübe, wenn der Kolbenhub s beim Spannen 50 mm und beim Einpressen 75 mm beträgt.

Tabellenbuch Seite ____ :

Copyright Verlag Handwerk und Technik, Hamburg – handwerk-technik.de

---

Merke

Die Wirtschaftlichkeit des Betriebs einer pneumatischen Steuerung wird hauptsächlich durch den Luftverbrauch $\dot{V}_F$ in l/min bestimmt.

---

d) die standardisierten Hublängen der beiden Zylinder.

e) den Wirkungsgrad η, wenn beim Spannzylinder nur eine Druckkraft von $F_{Spann} = 485$ N festgestellt wird.

Ablaufsteuerung

Die direkte Steuerung der Zylinder wie bei der Montage-vorrichtung (Seite 92) ist aufwendig und erfordert bei zwei Zylindern vom Bedienenden hohe Konzentration. Für gleichbleibend wiederkehrende Verrichtungen eignen sich Ablaufsteuerungen. Dabei werden die Stellglieder durch pneumatische Signale (Druckimpulse) gesteuert.

Beispiel: In der Abbildung rechts betätigt der Zylinder -MM1 den Endlagenschalter -BG1, dieser schaltet mit einem Druckimpuls das Wegeventil -QM1 wieder in die Stellung b und der Zylinder -MM1 fährt wieder ein.

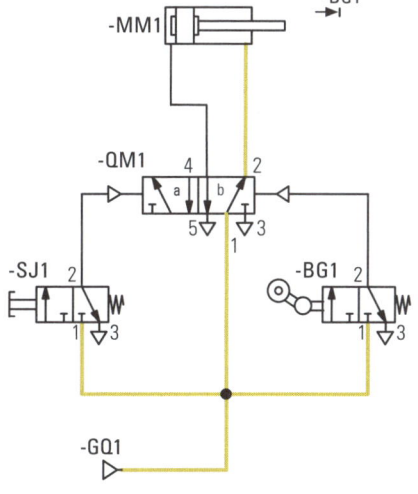

indirekte Ansteuerung

10. Tragen Sie in den Plan der indirekten Ansteuerung die Ebenen, denen die Bauteile in einem Pneumatikplan zugeordnet werden können, ein. Benutzen Sie dazu das Tabellenbuch Seite ____ .

| Name: | Klasse: | Datum: | Seite: | **93** |

GRAFCET[1] ergänzen

Der Funktionsplan gibt eine Übersicht, in welchen Schritten die Steuerung ablaufen soll. Er enthält noch keine Angaben über die zu verwendenden Bauteile und deren Anordnung. Der Aufbau des Funktionsplans ist nach DIN EN 60848 (Tabellenbuch Seite   ) auszuführen.

Beispiel: Dem Schritt 3 ist der Befehl *Zylinder -MM2 ausfahren* zugeordnet. Voraussetzung dazu ist die über dem Befehl stehende Übergangsbedingung (Transitionsbedingung) -BG2. Sie tritt ein (wird wahr), wenn Zylinder -MM1 ausgefahren ist.

11. Vervollständigen Sie den GRAFCET der Montagevorrichtung.

Merke

GRAFCET zeigt im Wesentlichen die sequenziellen Abläufe einer Steuerung. Die innerhalb dieser Struktur auszuführenden Aktionen wechseln sich mit den zugehörigen Weiterschaltbedingungen ab. Zusammen bilden sie die Ablaufsteuerung ab. Die Funktionsdarstellung mit GRAFCET ist genormt (DIN EN 60848).

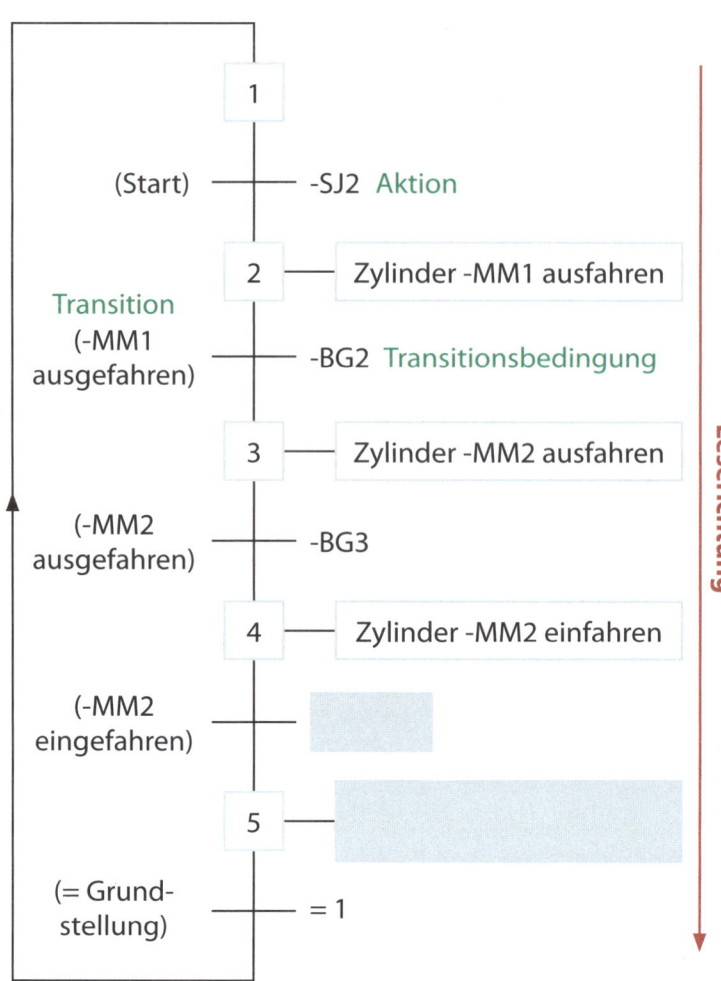

GRAFCET Montagevorrichtung

Funktionsdiagramm

Das Funktionsdiagramm[2] (Tabellenbuch Seite   )

zeigt bildlich die Funktionsfolge und die steuerungstechnische Verknüpfung der Bauglieder sowie deren Zustände (Lage und Bewegung) und Änderungen. Im Diagramm stellen die gelben Linien die Verfahrbewegungen der Zylinder und die grünen Linien die Schaltstellungen der Stellglieder dar. Die schwarzen Linien sind die Signallinien von den Signalgebern -SJ2 bis -BG3.

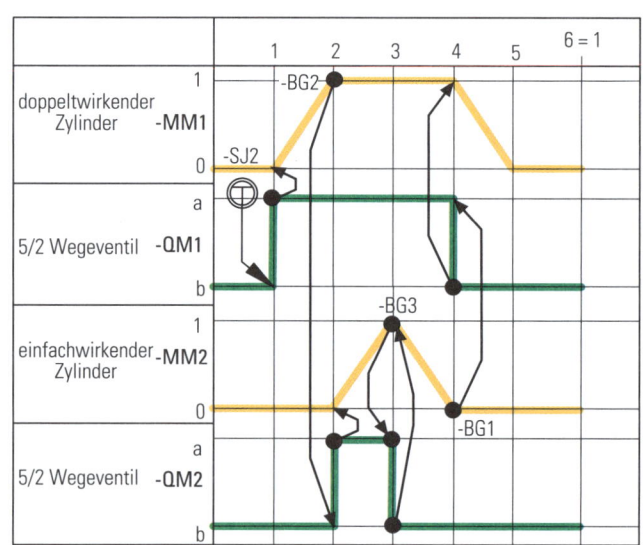

Funktionsdiagramm Montagevorrichtung

---

[1] GRAFCET; GRAphe Fonctionnel de Commande Etape Transition

[2] Die graphische Darstellung in Form von Funktionsdiagrammen (Weg-Schritt-, Weg-Zeit-, Zustandsdiagrammen) entspricht nicht DIN EN 60848.
   Nach dieser Norm werden Funktionsabläufe mit GRAFCET dargestellt. Zur besseren Verständlichkeit werden die Funktionsdiagramme dennoch erläutert.

Copyright Verlag Handwerk und Technik, Hamburg – handwerk-technik.de

Name:	Klasse:	Datum:	Seite: **94**

Beispiel: Schritt 3 im GRAFCET

- Zylinder -MM2 ausfahren, dazu muss das 5/2-Wegeventil -QM2 in der Schaltstellung a sein, damit der Durchfluss zur Kolbenseite des Zylinders -MM2 frei wird.
- -QM2 wird durch Druckimpuls vom Signalglied -BG2 gesteuert.
- -BG2 wird durch die Übergangsbedingung *Zylinder -MM1 ist ausgefahren* im Zustand 2 betätigt.

12. Erläutern Sie die Funktion von Befehl 3.

Zylinder -MM2:　　　　　　　　　　　Stellglied -QM2:

betätigt Signalglied:　　　　　　　　　Zylinder -MM2:

13. Vervollständigen Sie den Pneumatikplan nach den Vorgaben des GRAFCETs und dem Funktionsdiagramm. Verwenden Sie für -BG2 ein Kipprollenventil.

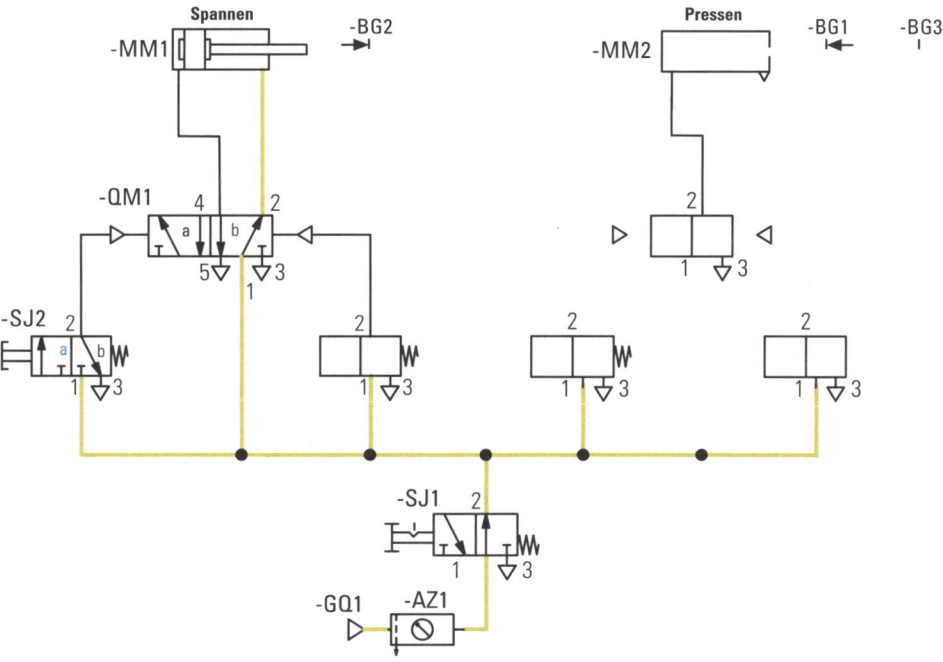

Ablaufsteuerung Montagevorrichtung

Zusatzfunktionen

An die Montagevorrichtung können zusätzliche Anforderungen gestellt werden, die sich durch einzelne Bauelemente erreichen lassen. Solche Anforderungen sind z. B.:

- die Kolbengeschwindigkeit ist einstellbar
- der Start der Vorrichtung ist von zwei Stellen aus möglich
- ein Ablauf beginnt erst, wenn zugleich zwei Signalaufnehmer betätigt sind
- das Stellglied schaltet erst nach einer bestimmten Zeit nach Signaleingabe.

Copyright Verlag Handwerk und Technik, Hamburg – handwerk-technik.de

| Name: | Klasse: | Datum: | Seite: | **95** |

Kolbengeschwindigkeit

14. Ergänzen Sie in der Tabelle den jeweiligen symbolischen Teil des Drosselrückschlagventils und tragen Sie die Bauteile, die diese Funktion übernehmen, ein.

Funktion	Teil des Symbols	Konstruktive Umsetzung durch Bauteil
Drosselung des Volumenstroms		Kegel der Stellschraube (Pos. 2) in Bohrung des Gehäuses (Pos. 1)
Einstellung des Volumenstroms		über Gewinde der Stellschraube (Pos. 2)
Durchlass frei / gesperrt		Sperrkörper (Pos. 4)

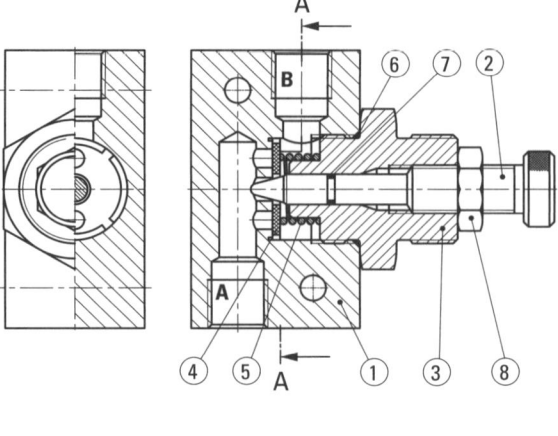

Drosselrückschlagventil

15. Ergänzen Sie in den folgenden Funktionsbeschreibungen die fehlenden Begriffe.

Funktionsbeschreibung: Strömt die Luft in gedrosselter Richtung durch das Ventil (von Anschluss B nach A), wird der   auf den Sitz gedrückt.

Die Luft muss durch die Drosselöffnung fließen, die durch eine   verändert werden kann. Bei entgegengesetzter Strömungsrichtung wird der Sperrkörper abgehoben und die Luft hat   Durchfluss.

Mit der Drosselung kann die   eines Kolbens verändert werden.

Man baut Drosselrückschlagventile meist in die Abluft ein, um ein   Ausfahren des Kolbens zu erreichen und den Stick-Slip-Effekt zu vermeiden.

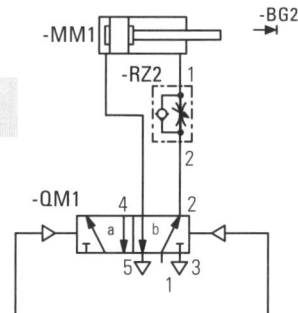

Einstellung der Ausfahrgeschwindigkeit von -MM1 durch -RZ2

Zeitverzögerung

Funktionsbeschreibung: Der Speicher -CM1 baut nach einiger Zeit (z. B. 2 Sekunden) den notwendigen Druck auf.

Somit wird eine   erreicht, einstellbar

mit der Drossel des   .

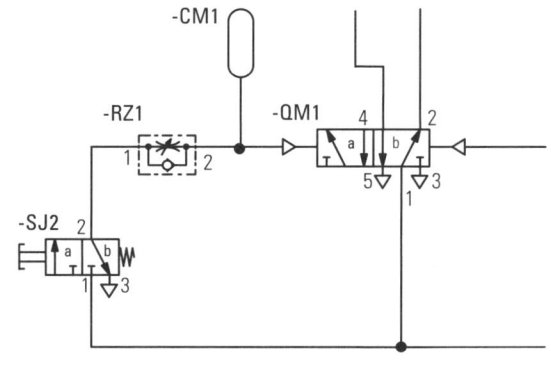

Zeitverzögerung für -QM1 durch -RZ1 und Speicher -CM1

Copyright Verlag Handwerk und Technik, Hamburg – handwerk-technik.de

| Name: | Klasse: | Datum: | Seite: | **96** |

ODER-Verknüpfung

Funktionsbeschreibung: Wechselventile (-KH1) besitzen zwei Eingänge (1) und einen Ausgang (2).

Wird das Sperrelement an einem Eingang mit Druckluft beaufschlagt, dann �▉ es den gegenüber-

liegenden Eingang ab. Das Wechselventil lässt also Luft entweder durch den einen oder den anderen Eingang. Es handelt sich um eine ODER-Verknüpfung. Wechselventile werden dazu benutzt, eine Anlage wechselweise

von ▉▉▉▉ zu bedienen.

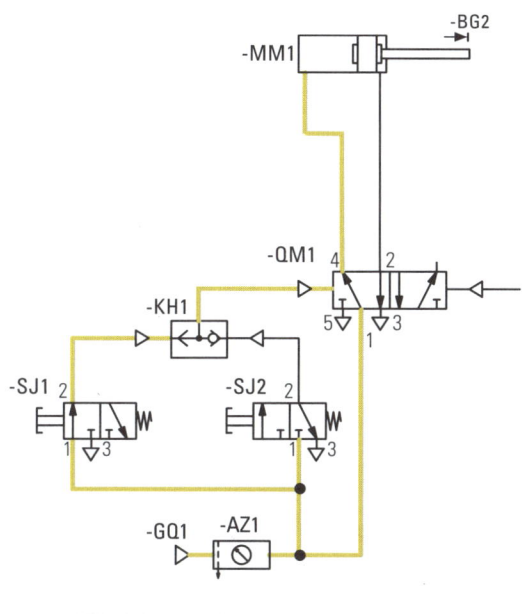

-MM1 fährt aus durch Betätigung von -SJ1

ODER

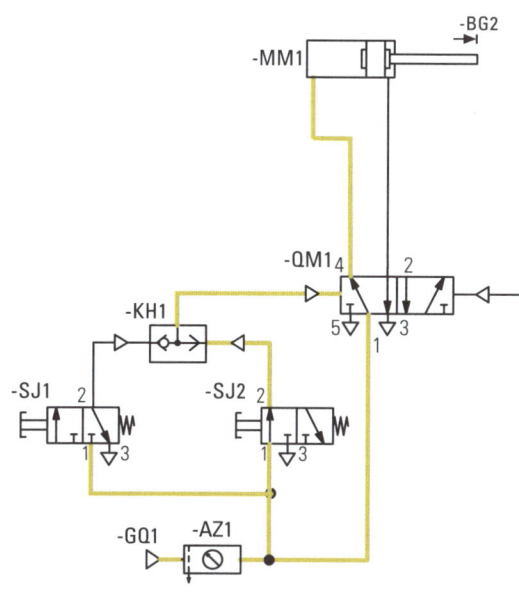

-MM1 fährt aus durch Betätigung von -SJ2

UND-Verknüpfung

Funktionsbeschreibung: Zweidruckventile besitzen ▉▉▉

Eingänge und ▉▉▉ Ausgang. Wird nur ein Eingang mit

Druckluft beaufschlagt, dann ▉▉▉ das Ventil den

Durchgang.

Erst wenn an ▉▉▉ Eingängen Druck anliegt, lässt das

Ventil Luft durch.

Es ist eine UND-Verknüpfung von Signalen.
Zusammen mit einem Zeitglied können Zweidruckventile zur

▉▉▉▉▉ für eine

Anlage ausgebaut werden.

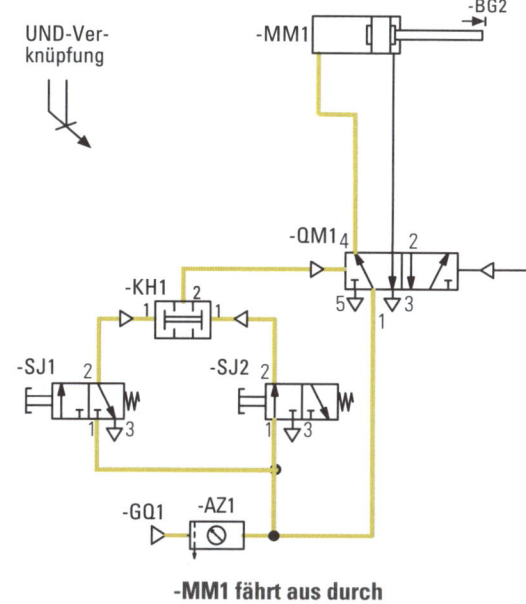

**-MM1 fährt aus durch
Betätigung von SJ1 UND SJ2**

Copyright Verlag Handwerk und Technik, Hamburg – handwerk-technik.de

| Name: | Klasse: | Datum: | Seite: | **97** |

Montagevorrichtung mit allen Zusatzfunktionen

Merke

Mit zeitgeführten und prozessgeführten Ablaufsteuerungen und deren Mischformen können selbstständig ablaufende Arbeitszyklen realisiert werden. Der schrittweise Ablauf, bei dem der Übergang von einem Schritt auf den folgenden erfolgt, hängt von den Übergangsbedingungen ab. Die Signale für die Übergangsbedingungen werden entweder durch den Bediener oder die Anlage selbst generiert. Der Bediener nimmt bei Ablaufsteuerungen im Vergleich zu Führungs- und Haltegliedsteuerungen nur noch bedingt Einfluss auf die Zustandsänderungen der Aktoren.

16. Vervollständigen Sie das Funktionsdiagramm und den Pneumatikplan (siehe nächste Seite) unter Berücksichtigung der folgenden Vorgaben. Listen Sie zunächst die benötigten Bauteile auf.

- Anlage startet wahlweise von zwei Stellen → Wechselventil und zwei
- Ausfahrgeschwindigkeit der Kolben einstellbar →
- Einpresskraft wirkt rund 2 s →

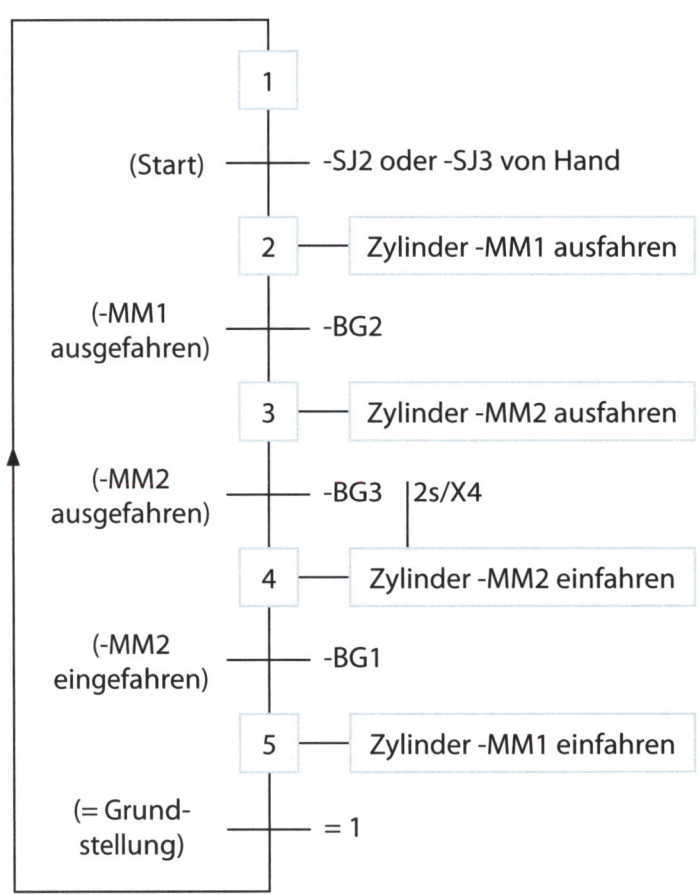

GRAFCET Montagevorrichtung Einpressdauer 2 s

Copyright Verlag Handwerk und Technik, Hamburg – handwerk-technik.de

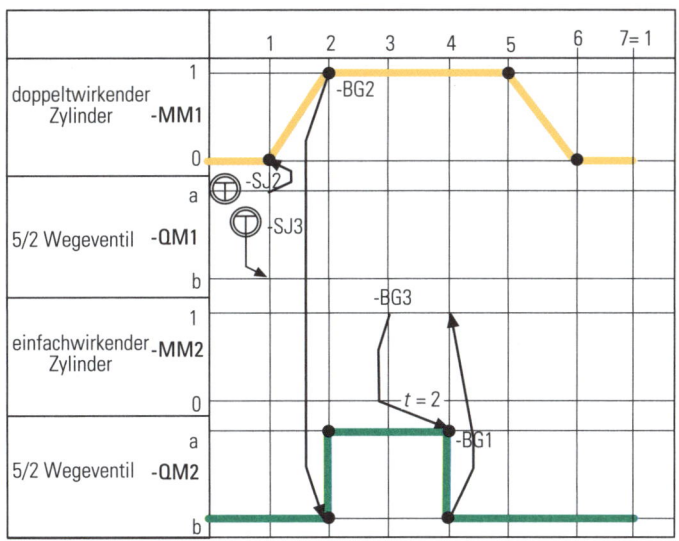

Funktionsdiagramm Montagevorrichtung

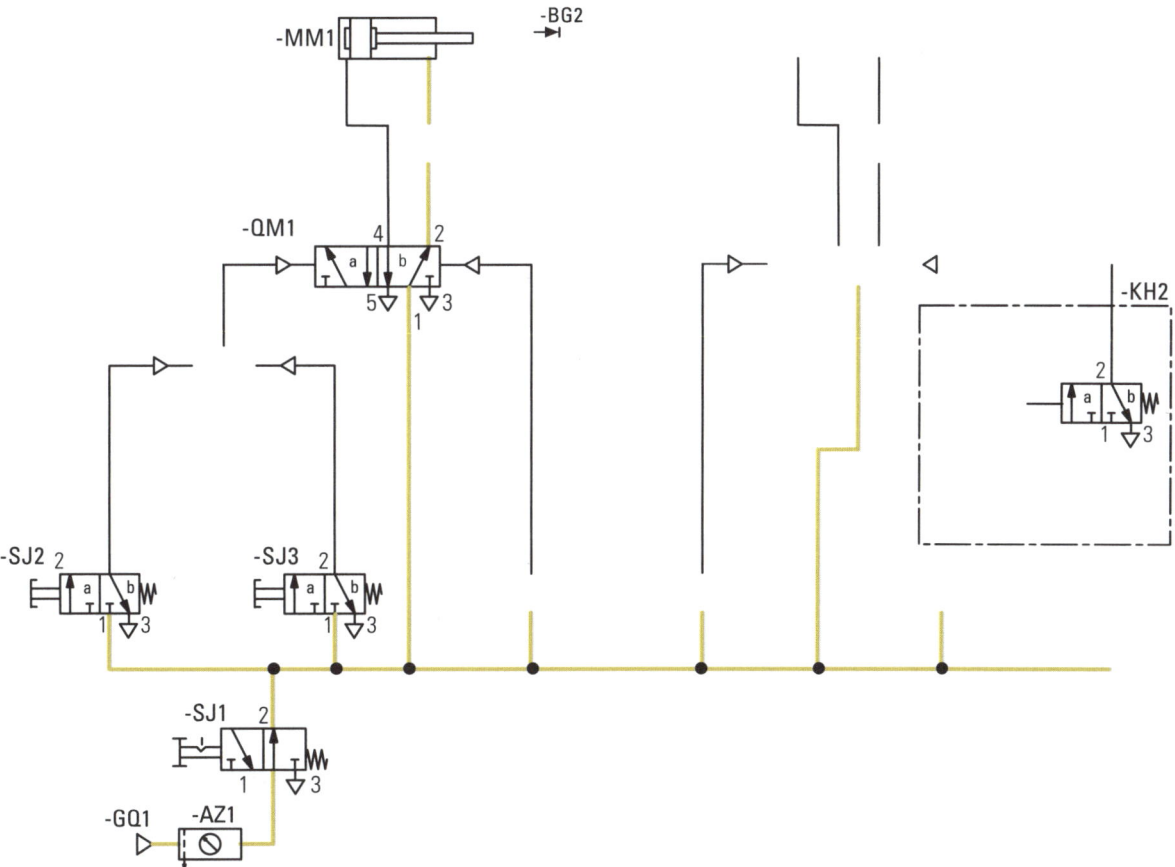

Montagevorrichtung mit ODER-Verknüpfung, Zeitfunktion und einstellbarer Ausfahrgeschwindigkeit der Zylinder

Copyright Verlag Handwerk und Technik, Hamburg – handwerk-technik.de

| Name: | Klasse: | Datum: | Seite: **99** |

Elektropneumatik

Die pneumatische Betätigung der Stellglieder in der Montagevorrichtung erfordert oft lange Schlauchleitungen und eine große Zahl pneumatischer Signalaufnehmer. Dieser Aufwand kann durch eine elektropneumatische Schaltung verringert werden. In der Abbildung ist der elektropneumatische Schaltplan und der dazugehörende Stromlaufplan für die Montagevorrichtung (siehe Seite 91) dargestellt. Dabei werden die elektrischen Taster für die Stellmagneten manuell betätigt.

Elektropneumatischer Schaltplan

1. In der Abbildung werden die Stellglieder -QM1 und -QM2 mit Elektromagneten (-MB1, -MB2) betätigt. Ein elektrisches Signal bewirkt am Stellglied eine neue Schaltstellung mit neuer Durchflussrichtung.

   Hinweis: Vor allem bei der Fehlersuche kann die Handhilfsbetätigung benutzt werden, um die Funktion der pneumatischen Bauteile zu prüfen.

2. Stellglieder mit Federrückstellung (z. B. -QM1 und -QM2) benötigen einen Dauerimpuls. Die Schaltstellung a bleibt nur erhalten, solange Spannung an der Magnetspule -MB1 und -MB2 anliegt, das heißt, solange der Taster (-SF2 bzw. -SF3) betätigt ist. Der Dauerimpuls kann durch eine Selbsthalteschaltung erreicht werden.

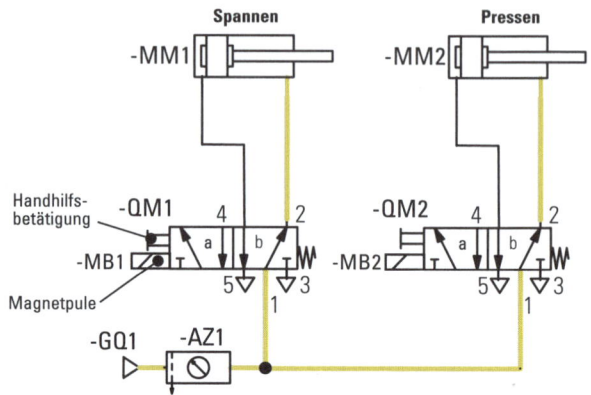

elektropneumatischer Schaltplan

3. Stellglieder mit zwei Elektromagneten benötigen nur einen kurzzeitigen Impuls für das Schalten in eine neue Schaltstellung. Diese Schaltstellung bleibt so lange erhalten, bis ein neuer Impuls erfolgt. Solche Stellglieder besitzen also eine Speichereigenschaft (bistabiler Zustand).

Stromlaufplan

1. Der Stromlaufplan zeigt
   - die elektrischen Bauteile als Schaltzeichen

     (siehe Tabellenbuch Seite   )

   - den Stromlauf von + nach – mit Strompfad-Nummern (1 bis 2)

   - die Wirkungsweise der Anlage (in Verbindung mit dem elektropneumatischen Schaltplan)

   Hinweis: Der Stromlaufplan und auch der elektropneumatische Schaltplan zeigen nicht, wie die Bauteile räumlich in der Anlage angeordnet sind.

2. Im Stromlaufplan werden die Bauteile in spannungslosem Zustand dargestellt.

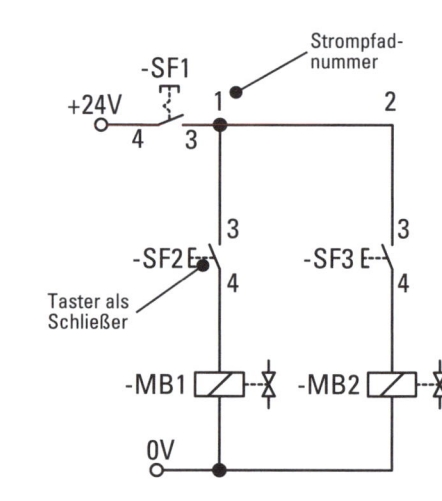

Stromlaufplan

3. Schalter können als Schließer, Öffner oder Wechsler mit verschiedener Betätigung ausgeführt sein

   (siehe Tabellenbuch Seite   ). Mechanisch betätigte Taster und Schalter werden nach DIN EN 81346-2

   mit -SF2, -SF3 gekennzeichnet.

4. Elektromagnete werden mit -MB1, -MB2 gekennzeichnet.

In der Abbildung werden die Taster für die Betätigung der Stellmagnete von Hand bedient. Bei großen Stellgliedern müssen hier zudem hohe Spannungen geschaltet werden. Will man eine Steuerung komfortabler machen, Signale elektrisch verknüpfen oder mit kleinen Spannungen schalten, dann sind Relais notwendig.

Copyright Verlag Handwerk und Technik, Hamburg – handwerk-technik.de

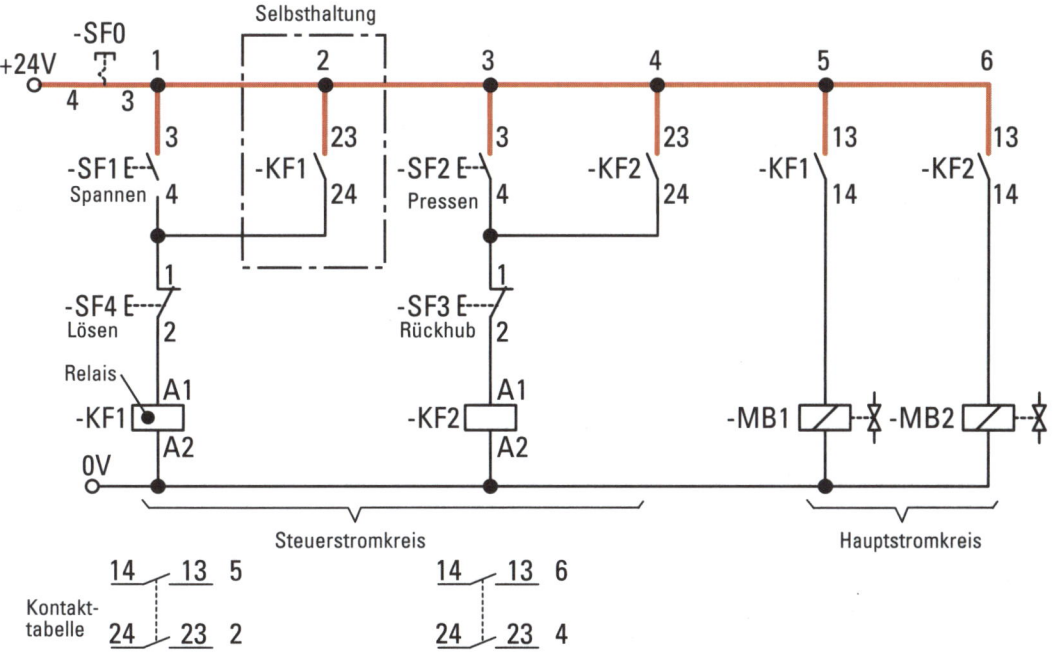

Stromlaufplan mit Relais -KF1 und -KF2 zur indirekten Ansteuerung der Magnetspulen -MB1 und -MB2

Steuer- und Hauptstromkreis

1. Relais werden im Stromlauplan mit -KF1, -KF2 gekennzeichnet.

2. Die Relais -KF1 und -KF2 liegen im Steuerstromkreis, der meist mit 24 Volt betrieben wird. Die Elektromagnete -MB1 und -MB2 für die Stellglieder liegen im Hauptstromkreis, der oft höhere Spannungen aufweist.

3. Die Schließer und Öffner für den Steuer- und den Hauptstromkreis liegen in den Relais. Im Stromlaufplan werden sie aber in den verschiedenen Strompfaden dargestellt. Die zu einem Relais gehörenden Schließer und Öffner erhalten die Bezeichnung des Relais, also z. B. -KF1 oder -KF2 und werden in den Kontakttabellen unterhalb des Strompfad eines jeden Relais aufgelistet.

17. Der Zylinder -MM1 ist ausgefahren. Kennzeichnen Sie im Stromlaufplan den Stromfluss, z. B. blau.

18. Realisieren Sie die Relaisschaltung nach mithilfe einer geeigneten Software.

19. Erläutern Sie die Funktion der Selbsthalteschaltung bei Relais -KF1.

1. Der Taster -SF1 in Pfad ___ wird ___ betätigt.

2. Das Relais -KF1 ___ und schaltet die Kontakte.

3. Der Schließer ___ in Pfad ___ und der Schließer ___ in Pfad ___ werden geschlossen. ___ erhält Strom (Pfad 5).

4. Nach dem Loslassen des Tasters -SF1 fließt nur noch Strom über den Pfad ___ . Das Relais -KF 1 bleibt ___ .

5. Durch Betätigen des Öffners ___ in Pfad ___ wird der Stromfluss ___ und das Relais -KF1 wird ___ . Alle Kontakte des Relais in -KF1 fallen in ihre Ausgangsstellung zurück.

Copyright Verlag Handwerk und Technik, Hamburg – handwerk-technik.de

| Name: | Klasse: | Datum: | Seite: | **101** |

Copyright Verlag Handwerk und Technik, Hamburg – handwerk-technik.de

Merke

Elektropneumatisch betätigte Magnetventile werden in Steuerungen oft mit 24 Volt betrieben. Es gibt jedoch auch Ausführungen für 6 V und 12 V Gleichspannung. Beim Auswechseln solcher Ventile ist stets auf die richtige Betriebsspannung zu achten. Zudem haben pneumatisch vorgesteuerte Ventile kleinere Spulen und nehmen daher weniger Leistung (z. B. 5 W) auf. Nicht vorgesteuerte Ventile haben daher höhere Leistungsaufnahmen (z. B. 20 W).

Montagevorrichtung mit elektropneumatischer Steuerung

Im Folgenden wird die Schaltung für die Montagevorrichtung mit ODER- bzw. UND-Funktion abgewandelt. Das Zusammenwirken der einzelnen Bauteile und der Funktionsablauf wird im Funktionsdiagramm dargestellt.

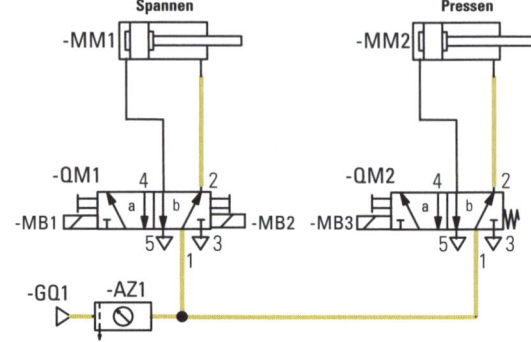

Pneumatikplan Montagevorrichtung

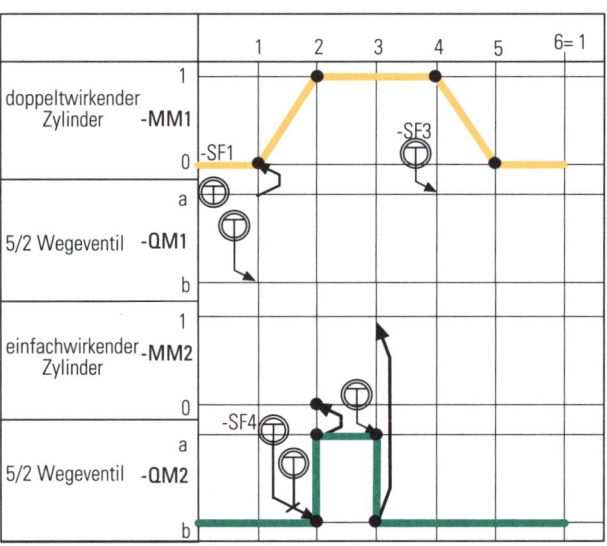

Funktionsdiagramm Montagevorrichtung mit ODER Funktion

20. Ergänzen Sie den Stromlaufplan nach den folgenden Vorgaben.

☐ Das Ausfahren des Spannzylinders -MM2 ist von zwei Stellen aus möglich (-SF1 und -SF2).

☐ Für die Ausfahrbewegung des Einpresszylinders -MM2 ist eine Selbsthalteschaltung vorzusehen.

☐ Der Einpresszylinder fährt erst aus, wenn zwei Taster (-SF4 und -SF5) zugleich betätigt werden.

☐ Vervollständigen Sie das Funktionsdiagramm.

Für individuelle Notizen

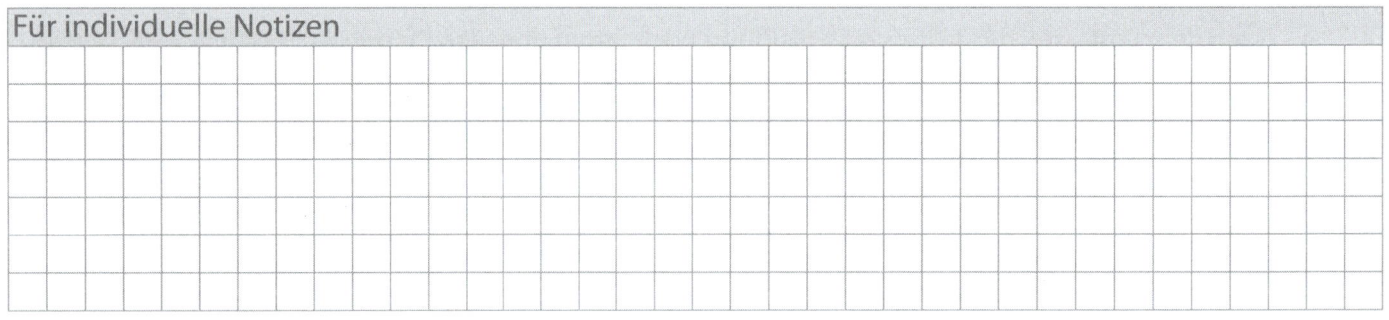

| Name: | Klasse: | Datum: | Seite: | **102** |

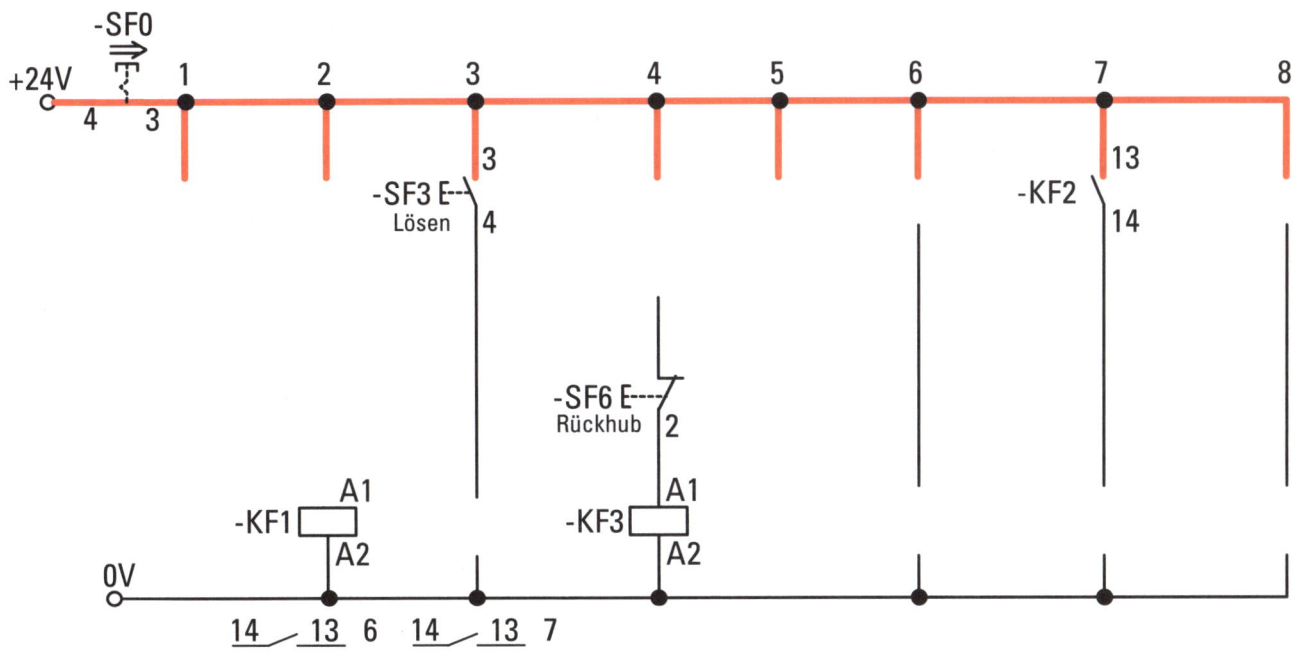

Stromlaufplan Montagevorrichtung mit ODER- und UND-Funktion und einem Impulsventil -MB1 und -MB2 (Hauptschalter -SF0 geschlossen)

Anschlussbezeichnung an Relais

21. Erläutern Sie die Anschlussbezeichnungen des abgebildeten Relais.

Verwenden Sie dazu Ihr Tabellenbuch Seite [   ].

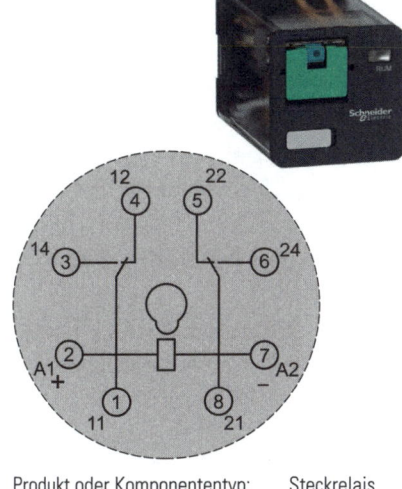

Produkt oder Komponententyp: Steckrelais
Aufbau und Typ des Anschlusses: 2Ö/2S
Steuerkreisspannung: 24 V AC
Material der Kontakte: AgNi

Relais mit Anschlussbezeichnungen

22. Beschriften Sie die Bauteile des abgebildeten Relais.

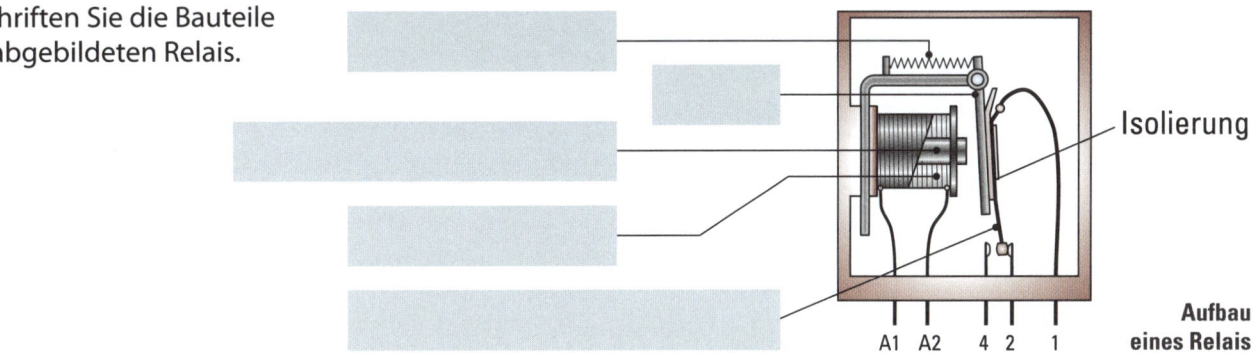

Isolierung

Aufbau eines Relais

Name:	Klasse:	Datum:	Seite:	**103**

Copyright Verlag Handwerk und Technik, Hamburg – handwerk-technik.de

23. Warum liegt bei der Steuerung der Montagevorrichtung laut Schaltung auf den Seiten 96 und 97 noch keine Zweihandsicherheitsschaltungen vor, wie sie in der Industrie typengeprüft und genormt gefordert ist?

Bei typengeprüften und genormten Zweihandsicherheitsschaltungen muss der Bediener beide Signalglieder innerhalb von _____ betätigen. Liegen zwischen der Betätigung des ersten Signalgliedes und des zweiten Signalgliedes mehr als _____, darf die Anlage _____ starten. Eine _____ Betätigung beider Signalglieder durch den Bediener während des gefährlichen Zustandes (hier das Ausfahren – Pressen – Einfahren des Zylinders) ist notwendig. Lässt der Bediener nur eines der beiden Signalglieder im gefahrbringenden Zustand los, muss dies den Betrieb _____. Der Bediener muss zunächst beide Signalglieder _____, um einen neuen Arbeitszyklus zu starten. Die Bedienelemente müssen in einem bestimmten _____ zueinander und _____ montiert sein.

> **Merke**
>
> Arbeiten an Anlagen und Bauteilen, bei denen die Funktionsspannung bei mehr als 50 Volt Wechselspannung oder 120 Volt Gleichspannung liegen, dürfen von ihnen nicht durchgeführt werden. Es dürfen auch keine Geräte oder Schaltschränke geöffnet werden, die Spannungen über 50 Volt Wechselspannung führen. Ebenfalls dürfen keine entsprechenden Verdrahtungen oder Messungen an Geräten mit Spannungen über 50 Volt Wechselspannung und 120 Volt Gleichspannung durchgeführt werden. Entsprechende Arbeiten dürfen ausschließlich Elektrofachkräfte durchführen.

Hydraulik

Der Lastkraftwagen wird mit zwei ausfahrbaren Stützen (-MM1 und -MM2) beim Be- und Entladen abgesichert. Für solch große Kräfte werden meist elektrohydraulische Anlagen eingesetzt. Die Ausführung der Funktionsdiagramme, der Funktions- und Schaltpläne erfolgt bei der Hydraulik entsprechend der Pneumatik.

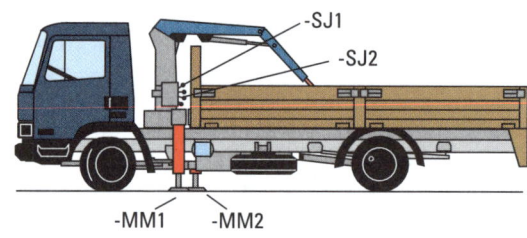

24. **a)** Nennen Sie zwei Gründen, warum für diese Stützvorrichtung Pneumatik nicht geeignet ist?

b) Aus welchem Grund sind die Kosten für Hydraulikanlagen höher als bei pneumatischen Anlagen?

Copyright Verlag Handwerk und Technik, Hamburg – handwerk-technik.de

25. Benennen Sie die Bauteile.

Bez.	Benennung
-MM1	
-QM1	
-RM1	

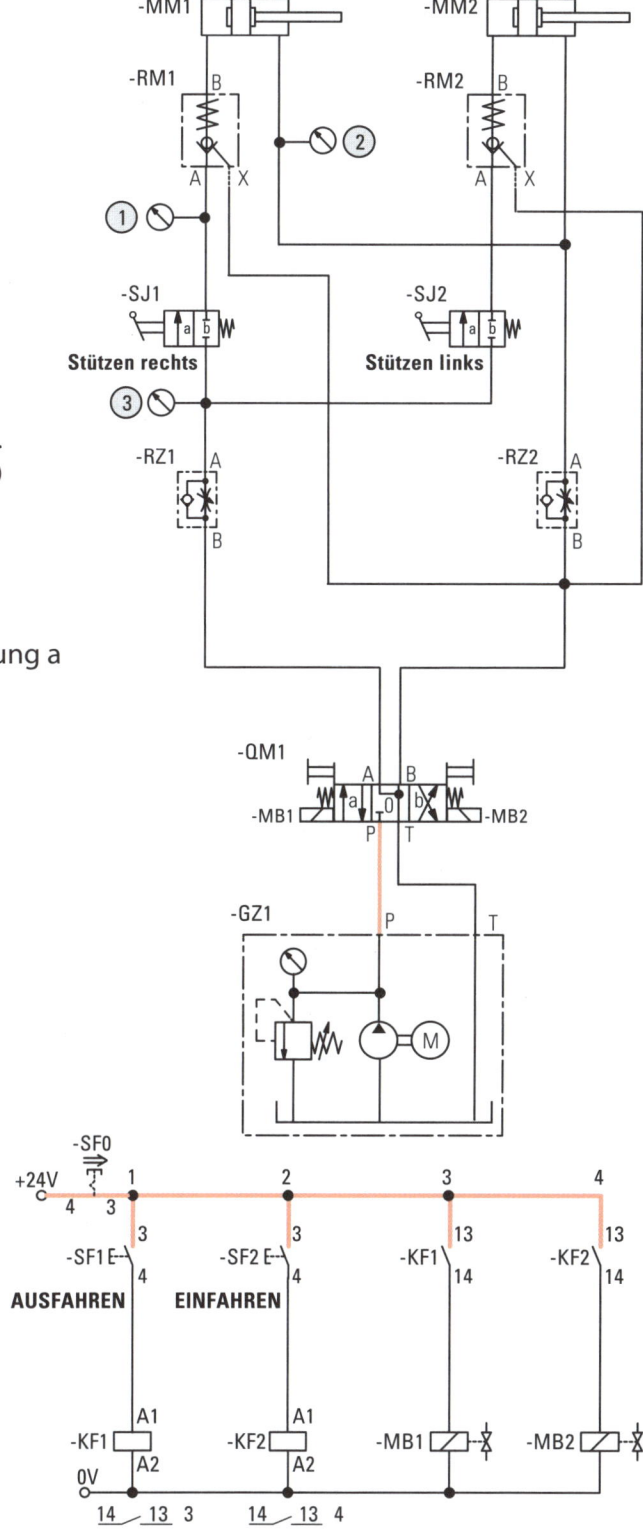

rechte Fahrzeugseite   linke Fahrzeugseite

26. Der rechte Stützfuß mit Zylinder -MM1 fährt nicht aus. Zur Klärung der Ursache wird an den Stellen ① bis ③ der Druck gemessen. Geben Sie für die genannten Ergebnisse dieser Messungen die mögliche Fehlerursachen an.

Messergebnis:
Druck bei ① niedriger als bei ③, obwohl -SJ1 in Stellung a

mögliche Ursache:

Messergebnis:
Druck bei ① und ② gleich

mögliche Ursache:

Messergebnis:
Alle Drücke in Ordnung

mögliche Ursache:

Funktion der Schaltung beschreiben

27. Kennzeichnen Sie die Arbeitsleitungen, die unter Druck stehen.
- beim Ausfahren der Kolben an den Stützen z. B. hellbraun
- beim Einfahren der Kolben an den Stützen z. B. ocker

Elektrohydraulischer Schaltplan und Stromlaufplan
(Hauptschalter im Stromlaufplan AN)

28. Beschreiben Sie, wie das gleichzeitige Ausfahren der Stützen erreicht wird.

| Name: | Klasse: | Datum: | Seite: **105** |

Copyright Verlag Handwerk und Technik, Hamburg – handwerk-technik.de

29. Bedingt durch unebenen Untergrund kann das Fahrzeug nach rechts geneigt stehen. Wie erreicht man ein Ausrichten des Fahrzeugs?

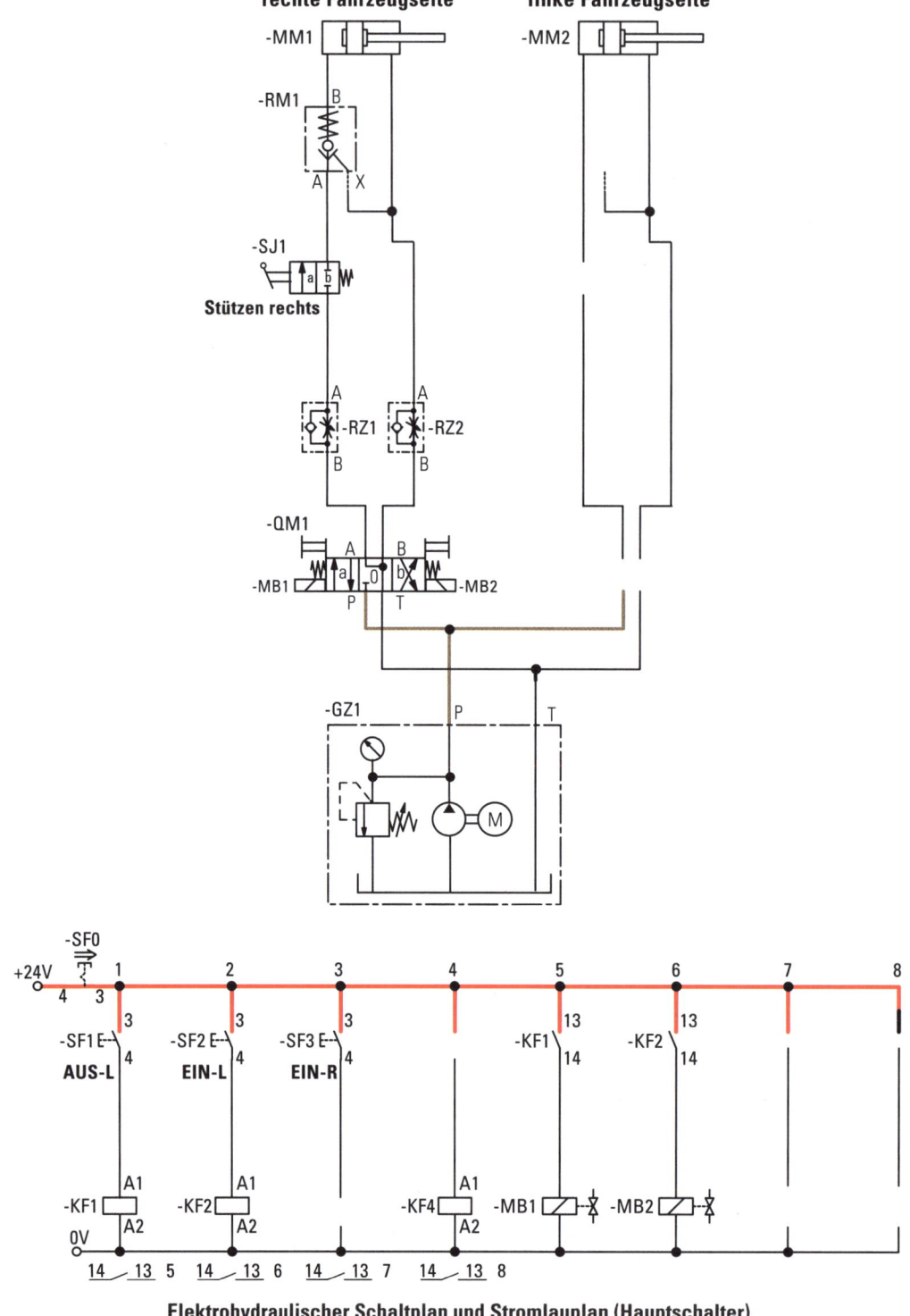

Elektrohydraulischer Schaltplan und Stromlauplan (Hauptschalter)

30. Wie wird die Ausfahrgeschwindigkeit der hydraulischen Stützen reguliert?

Name:	Klasse:	Datum:	Seite:	**106**

Copyright Verlag Handwerk und Technik, Hamburg – handwerk-technik.de

31. Warum sind die entsperrbaren Rückschlagventile -RM1 und -RM2 direkt an die Zylinder angeflanscht?

Schaltung modifizieren

32. Modifizieren Sie die Steuerung der Stützen so, dass jeder Stützfuß für sich allein vom Schaltpult aus ein- und ausgefahren werden kann. Vervollständigen Sie dazu den Plan auf Seite 106.

Kolbenkraft und -geschwindigkeit berechnen

33. Wie groß ist die Stützkraft F eines Zylinders bei einem Kolbendurchmesser von $d_1 = 63\,\text{mm}$, wenn der Druck $p_e = 18\,\text{bar}$ und der Wirkungsgrad des Zylinders $\eta = 80\,\%$ beträgt?

34. Wie groß ist bei dem oben genannten Zylinder -MM1 die Kolbengeschwindigkeit v_A beim Ausfahren, wenn der Volumenstrom $Q = 12\,\text{l/min}$ beträgt?

Merke

Der Volumenstrom Q eines hydraulischen Systems ist das Volumen V an Hydraulikflüssigkeit, das je Zeiteinheit Δt durch einen Leitungsquerschnitt A strömt. Der Volumenstrom ist unabhängig vom Leitungsquerschnitt innerhalb eines Leitungsstrangs an allen Stellen des hydraulischen Systems gleich groß. Die dabei erreichte Strömungsgeschwindigkeit v des Fluids ist abhängig vom durchströmten Leitungsquerschnitt A. Sinkt der Leitungsquerschnitt A bei konstantem Volumenstrom Q, dann steigt an der entsprechenden Stelle die Strömungsgeschwindigkeit v.

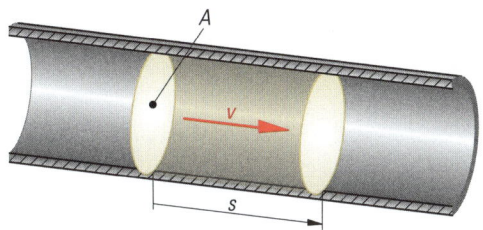

Volumenstrom und Strömungsgeschwindigkeit
in hydraulischen Systemen

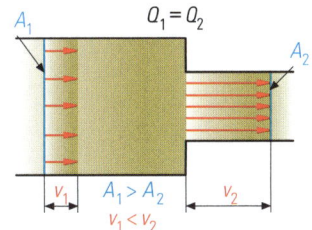

Volumenstrom konstant, Strömungsgeschwindigkeit
abhängig vom Leitungsquerschnitt

Copyright Verlag Handwerk und Technik, Hamburg – handwerk-technik.de

Hydraulikflüssigkeit

35. Bei der Stützeinrichtung soll laut Hersteller eine Hydraulikflüssigkeit mit der Typenbezeichnung HLP 68 verwendet werden. Entnehmen Sie mithilfe des Tabellenbuchs Seite [   ] die Bedeutung dieser Bezeichnung und skizzieren Sie das zugehörige Symbol.

H:

L:

P:

68:

36. Bei der Stützeinrichtung ist die Hydraulikflüssigkeit auszutauschen. Wie hat die Entsorgung der Hydraulikflüssigkeit zu erfolgen?

Copyright Verlag Handwerk und Technik, Hamburg – handwerk-technik.de

| Name: | Klasse: | Datum: | Seite: **108** |

Bildquellenverzeichnis

Autoren und Verlag danken den genannten Firmen, Institutionen und Personen für die Überlassung von Vorlagen bzw. Abdruckgenehmigungen folgender Abbildungen:

Bosch Rexroth AG, Lohr am Main: Download Projekt 3 Aufgabe 2.9, Seite 131.1 – **Dipl.-Ing.-Päd. Andreas Höfler,** Rheinstetten: Download Projekt 4 Aufgabe 31.4, Seite 154.3 – **DR. JOHANNES HEIDENHAIN GmbH,** Traunreut: Download Projekt 3 Aufgabe 2.11, Seite 132.1 – **Festo Didactic SE,** Denkendorf: Seite 42.2 – **Reiner Haffer,** Dautphetal: Seite 51.1-3 – **HEDELIUS Maschinenfabrik GmbH,** Meppen: Download Projekt 3 Aufgabe 26.2, Seite 138.2 – **Mahr GmbH,** Göttingen: Seite 41.2; 44.1 – ©**Prof. Dr. Dr. h.c. mult. August-Wilhelm Scheer,** Unternehmung 4.0 – Vom disruptiven Geschäftsmodell zur Automatisierung der Geschäftsprozesse, Juni 2018: Seite 46.2 – **Schneider Electric Operations Consulting GmbH,** Ratingen: Seite 103.2a+b – **TESA Technology Deutschland GmbH,** Ingersheim: Seite 33.3

ISBN 978-3-582-59037-4
Best.-Nr. 3061
Arbeitsheft – 12. Auflage

ISBN 978-3-582-64703-0
Best.-Nr. 3068
E-Book mit Lösungen – XII/12. Auflage

Die Normblattangaben werden wiedergegeben mit Erlaubnis des DIN Deutsches Institut für Normung e. V. Maßgebend für das Anwenden der Norm ist deren Fassung mit dem neuesten Ausgabedatum, die bei der Beuth Verlag GmbH, Burggrafenstraße 6, 10787 Berlin, erhältlich ist.

Das Werk und seine Teile sind urheberrechtlich geschützt. Jede Nutzung in anderen als den gesetzlich oder durch bundesweite Vereinbarungen zugelassenen Fällen bedarf der vorherigen schriftlichen Einwilligung des Verlages.
Die Verweise auf Internetadressen und -dateien beziehen sich auf deren Zustand und Inhalt zum Zeitpunkt der Drucklegung des Werks. Der Verlag übernimmt keinerlei Gewähr und Haftung für deren Aktualität oder Inhalt noch für den Inhalt von mit ihnen verlinkten weiteren Internetseiten.

Verlag Handwerk und Technik GmbH,
Lademannbogen 135, 22339 Hamburg; Postfach 63 05 00, 22331 Hamburg – 2022
E-Mail: info@handwerk-technik.de – Internet: www.handwerk-technik.de

Satz und Layout: FOXDESiGNER Wahner GbR, 35085 Ebsdorfergrund
Technische Zeichnung: Die technischen und grafischen Zeichnungen wurden nach Vorlagen ausgeführt von: Dipl. Ing. Manfred Appel, A & I Planungsgruppe, 23570 Lübeck
Umschlagmotiv: Dipl. Ing. Manfred Appel, A & I Planungsgruppe, 23570 Lübeck
Druck: Elbe Druckerei Wittenberg GmbH, 06896 Lutherstadt Wittenberg